Nuevo cine mexicano

Nuevo cine
mexicano

Gustavo García
José Felipe Coria

Agradecemos la colaboración de las siguientes personas para la realización de esta obra:

Rogelio Agrasánchez, Mario Aguiñaga Ortuño, Gabriel Aguirre, Luis Chávez González, Teresa Coria viuda de Olea, Miguel Ángel Dávila, Nicolás Echevarría, Pascual Espinosa, Marcela Fernández Violante, Leticia Fontanals, José Juan Hernández, Roberto Jenkins, Matilde Landeta, Martha Laris, Hugo Lazcano, Diego López, Jorge Alberto Lozoya, Andrés de Luna, Verónica Maza, Fernando del Moral, Fernando Muñoz, Carlos Olea Coria, Alejandro Pelayo, Gabriela Roel, José Rodríguez López, Ernesto Román, Javier Rosas Flores, Víctor Roura, Martha Trejo Ortiz, Nancy Ventura, Ariel Zúñiga.

Coordinación editorial: **Antonieta Cruz**
Adaptación editorial: **Fernando García Ramírez**
Diseño: **Álvaro Figueroa**
Asistente de diseño: **Rodrigo Aguirre**
Coordinación de iconografía: **César Moheno**
Investigación iconográfica: **Gustavo García, Adriana León Portilla de Diener, Rolando Rodríguez y Galván**
Asistentes de iconografía: **Arturo Pontifes, Gabriel Rivera, José Guadalupe Martínez, Rocío Márquez García**
Coordinación de redacción: **Rossana Reyes Vega**
Edición: **Carlos Miranda Ayala**
Corrección: **Eduardo Méndez Olmedo**
Producción editorial: **Lourdes Martínez Ocampo**
Coordinación de publicidad: **Jeannette Porras**
Coordinación de ventas de publicidad: **Rosario Galindo**

Índice

Introducción

En los últimos treinta años el cine mexicano ha debido luchar constantemente por sobrevivir, aunque no siempre con tino; dentro de la crisis de calidad que ya alarmaba a la industria misma en los años sesenta, se optó por una solución desquiciante: la intervención del Estado en todas las fases del quehacer fílmico. La conmoción que ello produjo en una industria hecha gradual y desordenadamente durante medio siglo, y que operaba según reglas propias no escritas, aún se advierte en estos momentos: han sido años de experimentación, sujeta a las corrientes estéticas que predominan en el mundo. Hace treinta años apareció una generación de cineastas que refrescó el ambiente, pero que también cerró el paso a las posteriores. La formación de estrellas de impacto popular se dejó en manos de la televisión, aunque en los subfilmes menos atendidos fueron apareciendo figuras adoradas por el público poco exigente.

En treinta años el gobierno inventó su propia industria cinematográfica y luego la desmontó, con resultados igualmente traumáticos; los nuevos cineastas han buscado la expresión con ingenio, la formación en la publicidad más que en las escuelas. Es una generación que ya formó su cinefilia, y después su oficio, en el video. El cine mexicano

avanza entre el desconcierto de una industria declinante, un gobierno inseguro, un público que crece y exige cada vez más, una exhibición que dejó atrás al cine de segunda corrida para instalarse en el Cineplex y una cultura cinematográfica nutrida por la televisión vía satélite.

Para el cine mexicano, durante las tres décadas recientes, la moneda ha estado en el aire: la tecnología aniquiló al cine de 8 mm y súper 8, y la crisis financiera al cine independiente; la globalización mundial permite que haya en Estados Unidos más talentos mexicanos que en los años del Hollywood en español (1928-1935), y la censura tolera sin sustos la pornografía. Mientras la moneda está en el aire, se han librado numerosas batallas contra los viejos dueños de la industria y los nuevos administradores, contra el imperio distribuidor estadounidense y contra el analfabetismo cultural del país; el cine ha denigrado a sus espectadores representando al país con pésimos actores, en muchas de las más vergonzosas películas jamás filmadas en el mundo; pero ocasionalmente los compensa con esfuerzo, ingenio y dignidad.

El cine mexicano puede ver hacia atrás y advertir sus errores, sus ingenuidades y sus vicios, equilibrándolos con el empeño de todos, desde la familia que compra su boleto para ver la película en una salita perdida en la provincia, hasta el cineasta que tardó años en plasmar en la pantalla esa visión particular que quiso compartir con todos. Ha sido una historia de amor larga, difícil y apasionante. México amó el cine porque ahí estaba el país convertido en magia, la materia inmortal del cine mismo.

La gran ilusión
1966-1976
Gustavo García

Rubén Gámez había sido fotógrafo de noticiarios y publicidad. Nada anticipaba la serie de imágenes poéticas y chocantes plasmadas en La fórmula secreta.

Adaptando un cuento de Juan García Ponce, Juan José Gurrola hizo en Tajimara una dolorosa historia de amores frustrados entre hermanos incestuosos, por un lado, y unos eternos enamorados (Pilar Pellicer y Claudio Obregón), por el otro.

El concurso

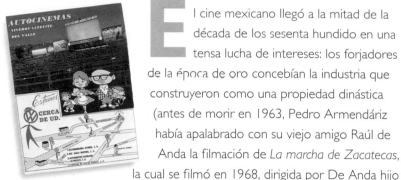

E l cine mexicano llegó a la mitad de la década de los sesenta hundido en una tensa lucha de intereses: los forjadores de la época de oro concebían la industria que construyeron como una propiedad dinástica (antes de morir en 1963, Pedro Armendáriz había apalabrado con su viejo amigo Raúl de Anda la filmación de *La marcha de Zacatecas*, la cual se filmó en 1968, dirigida por De Anda hijo y actuada por Armendáriz hijo); la misma época de oro era motivo de feroces comentarios por parte de una nueva generación de críticos y de aspirantes a cineastas, que se topaban con la política de puertas cerradas del Sindicato de Trabajadores de la Producción Cinematográfica (STPC). Aunque la producción se mantenía en un promedio de cien largometrajes por año, la confrontación entre la calidad y la pertinencia temática de los filmes extranjeros y los realizados en México agudizaba la urgente necesidad de renovar los cuadros creativos del cine.

Entonces, la sección de Técnicos y Manuales del STPC lanzó la convocatoria, en 1964, del Primer Concurso de Cine Experimental en largometraje. Aunque la movilización de gente propia y ajena a la industria fue enorme, al final se sometieron doce películas al jurado, que incluía lo mismo a Efraín Huerta, representando a Pecime; al crítico Jorge Ayala Blanco, por cuenta de Técnicos y Manuales; al cuentista José de la Colina, por la Universidad Nacional Autónoma de México (UNAM); a Andrés Soler, por la Asociación Nacional de Actores (ANDA), y a Manuel Esperón, por la sección de Compositores del sindicato.

Los primeros cuatro premios, otorgados en junio de 1965, se repartieron entre *La fórmula secreta* de Rubén Gámez, *En este pueblo no hay ladrones* de Alberto Isaac, *Amor, amor, amor* (compuesto por los cortometrajes *Tajimara* de Juan José Gurrola, *Un alma pura* de Juan Ibáñez, *Las dos Elenas* de José Luis Ibáñez, *Lola de mi vida* de Miguel Barbachano Ponce y *La Sunamita* de Héctor Mendoza) y *El viento distante* (integrado con los cuentos *En el parque hondo*, de Salomón Laiter, *Tarde de agosto*, de Manuel Michel, y *Encuentro*, de Sergio Véjar).

Con fotografía de Gabriel Figueroa, guión de Carlos Fuentes a partir de su propio cuento, locaciones en Nueva York y presencia de actores profesionales y literatos de todo el mundo (José Donoso, William Styron, Carlos Monsiváis). *Un alma pura* fue la cinta más ambiciosa del concurso.

Sólo en los primeros años del cine sonoro se había visto una llegada masiva de una generación cultural: Gurrola, Ibáñez y Mendoza surgían del teatro universitario; Michel, de la crítica de cine. Los unificaba una cinefilia equilibrada entre el recuerdo de la época de oro y la admiración de las nuevas escuelas europeas. Se orientaron más bien a la adaptación de textos literarios de sus contemporáneos: Gámez contó con la colaboración de Juan Rulfo y de Jaime Sabines, mientras que las otras películas se basaron en obras de Inés Arredondo, Juan García Ponce, Carlos Fuentes, José Emilio Pacheco y Gabriel García Márquez, autores a su vez marcados por su afición al cine. Incluso las cintas perdedoras tuvieron estreno comercial, pero sólo unos cuantos directores ingresaron a la industria (Véjar era el único veterano) y muy pocos pudieron dar continuidad a su carrera (Alberto Isaac y Carlos Enrique Taboada, que compitió con *El juicio de Arcadio Hidalgo* y se especializó en películas de suspenso psicológico).

Julián Pastor y Rocío Sagaón fueron premiados por su trabajo en *En este pueblo no hay ladrones*.

En *Lola de mi vida*, Jacqueline Andere y Martha Zavaleta recreaban el mundo de las sirvientas, según un relato de Juan de la Cabada.

La nueva generación

Con una buena recreación de época y los jóvenes Enrique Lizalde, Pilar Pellicer y Daniela Rosen alternando con Gloria Marín e Ignacio López Tarso, Las visitaciones del diablo fue un salto espectacular en la carrera de Alberto Isaac.

Con más ingenio que recursos, Alfonso Arau hizo su primer largometraje, El águila descalza, en 1969, homenajeando el melodrama y la comedia arrabalera de los años cuarenta.

De la gradual crisis del cine mexicano se hablaba desde años atrás, sin que se aplicaran medidas eficaces (ya en 1952, el libro *El embrollo cinematográfico,* de León Méndez Berman y Santos Mar, atrajo la atención del presidente Ruiz Cortines hacia el deterioro de la industria; otro tanto hizo en 1960 Contreras Torres con *El libro negro del cine mexicano*). Paralelamente se desarrolló una cultura cinematográfica heroica, hecha en el cine-club, en los cines de segunda corrida, en la lectura de revistas de cine extranjeras y las efímeras mexicanas (*Nuevo Cine,* 1960-1961). De esta presión cultural surgió el sistema cinematográfico universitario (la Filmoteca y el Centro Universitario de Estudios Cinematográficos).

El paso a la dirección de películas en la industria se dio a cuentagotas, pero en la segunda mitad de los sesenta se advertía ya con claridad la presencia de la nueva generación: del primer Concurso de Cine Experimental, Alberto Isaac pasó a filmar en 1967 una ambiciosa adaptación de la novela de Emilio Carballido, *Las visitaciones del diablo,* y al año siguiente recibió el encargo de hacer la película monumento del régimen diazordacista, *Olimpiada en México.* Manuel Michel dirigió en 1968 *Patsy mi amor,* con argumento de Gabriel García Márquez. Arturo Ripstein, hijo del veterano pro-

ductor Alfredo Ripstein
(*México de mis recuerdos*,
El aviador fenómeno), debutó en 1965, apoyado
por su padre y contando
con otro guión de Gar-
cía Márquez, con *Tiempo
de morir*; dos años des-
pués, otra vez financiado
por Alfredo Ripstein,
adaptó en plan de super-
producción (importando
al actor italiano Renato
Salvatori) la compleja
novela de Elena Garro
Los recuerdos del porvenir.
Juan Ibáñez, tras adaptar
para el concurso el cuen-

to de Fuentes *Un alma pura*, filmó en 1966 el manifiesto de la generación, *Los caifanes*, con guión de Fuentes, una relectura del cine urbano
y del estado de ánimo opresivo de los sesenta,
fuertemente emparentada con *La fórmula secreta* de Gámez. El chileno Alejandro Jodorowsky
pasó de la experimentación teatral al cine con
Fando y Lis, adaptación muy libre de la obra del
escritor "pánico" Fernando Arrabal y cuya
exhibición en la Reseña de Festivales Cinematográficos de Acapulco en 1968 provocó tal
escándalo entre funcionarios y cineastas de
"la vieja guardia" (un periodista cinematográfico la rebautizó *Fango y Chis*), que terminó
de marcar la ruptura con los recién llegados. En 1969,
el cómico y bailarín Alfonso Arau dirigió *El águila descalza*, cargada
de homenajes al cine y a la historieta, como mandaban los cánones del
arte pop.

Junto a los directores destacó un productor, Fernando Pérez
Gavilán (*Los caifanes*, *Patsy mi amor*). La presencia del grupo despertaba
tantas esperanzas en el público joven como recelo en una industria y
un gobierno que cuidaban sus intereses como patrimonio particular. La
censura de la Secretaría de Gobernación cedía a regañadientes y se
endurecía, admitiendo leves signos de actualización en los diálogos
y en los desnudos femeninos, pero nunca en los temas, que debían
tener puesto un pie en el melodrama aleccionador y ninguno en una
realidad conflictiva.

Al producir *Tiempo de morir* en 1965, Alfredo Ripstein (octavo de izq. a der.), definió el cine por venir: el actor Enrique Rocha, Gabriel García Márquez como autor preferido y Arturo Ripstein como la carrera más duradera de la generación.

Tras años acompañando a cineastas como Emilio Fernández e Ismael Rodríguez, José Bolaños debutó en 1966 con *La soldadera*, inspirada en un episodio que Eisenstein no pudo filmar para *¡Que viva México!*

Erotismo y censura

El veterano Miguel Zacarías aplicó la fórmula Cecil B. de Mille (religión y sexo) para librar la censura de 1967. La pareja pecadora eran Jorge Rivero y la norteamericana Candy Cave.

Aunque debutó en 1962 acompañando a Libertad Lamarque vestida de monja (*El cielo y la tierra*), la malograda Fanny Cano fue la digna transición entre las sensuales estáticas de los años cincuenta y el erotismo de los setenta.

Desde su aparición en *Don Juan 67*, Isela Vega maduró como el emblema del nuevo, agresivo erotismo, en películas como *Las reglas del juego*, *Las pirañas aman en cuaresma*, *La Celestina* y *La india*.

El cine mexicano llegó al final de la década asediado por un mundo en plena disidencia política e ideológica. Ya fueran las lecciones de desenfado erótico y lucidez cultural de la Nueva Ola francesa, la garra realista y el humor fresco del *Free Cinema* británico o la entraña popular del *Cinema Nuovo* brasileño, por todas partes se decretaba la abolición de fronteras visuales y narrativas. En México se vivía aún bajo el terror impuesto por la prohibición de *La sombra del caudillo* y *La rosa blanca*. Cada Reseña de Festivales Cinematográficos de Acapulco era más conflictiva que la anterior: se presentaban como invitadas de honor, en tanto ganadoras de festivales internacionales, películas que serían prohibidas o severamente mutiladas para su exhibición comercial. La clasificación D (mayores de 21 años) se aplicaba lo mismo a *Blow up* de Michelanghelo Antonioni que a *Justine* de George Cukor, que se exhibía, de todos modos, con varios cortes. La segunda película más taquillera de la década, *Nacidos para perder* (*Born losers*, Tom Laughlin), quizá logró llegar a las 43 semanas en su cine de estreno gracias a esa clasificación. A finales de la década, la publicidad destacaba un atractivo extra de las películas: "Versión íntegra, sin cortes de la censura".

Las películas mexicanas padecían un proceso censor doble: si requerían financiamiento del Banco Cinematográfico, éste debía aprobar el guión, no únicamente en cuanto a costos sino en su contenido político y sexual. Una vez filmada la versión aprobada por el Banco, la película debía someterse a la Dirección de Cinematografía, de donde pocas veces salía bien librada. Si una película se financiaba por otros cauces, las consecuencias podían ser feroces: *El topo*, el *western zen* de Alejandro Jodorowsky financiado por Roberto Viskin, perdió treinta minutos de desnudos y

En 1971, *Cayó de la gloria el diablo*, de José Estrada, reveló en Claudia Islas a una buena actriz que no volvió a tener papeles de la misma altura.

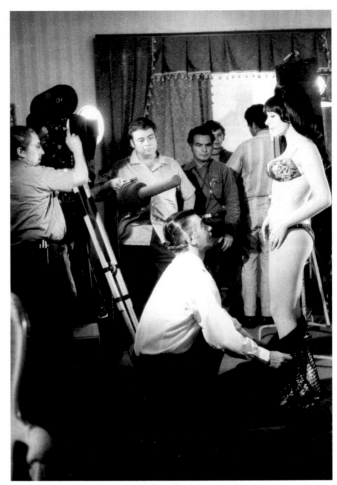

violencia que le agregó una incoherencia no solicitada, antes de recibir la clasificación c (sólo adultos).

El cine mexicano desarrolló una doble moral: para el público mexicano, las actrices aparecían en bikini; para el público extranjero, desnudas. La actriz que insinuara carencia de ropa lo debía hacer en un momento de tormentosa pasión ilícita o para deleite picarón de algún cómico. Justificándose a partir del éxito de las comedias italianas (*Casanova 70, Ayer, hoy y mañana*) y argentinas (*La cigarra no es un bicho*), se implantó a Mauricio Garcés como el galán de la clase media alta: inquilino de una casa en el Pedregal de San Ángel, con mayordomo cómplice (Luis Manuel Pelayo), y solitario seductor de secretarias, modelos y viejas compañeras de escuela (Silvia Pinal, como arquetipo). Los títulos anticipan el erotismo de *negligé*, el vodevil que censura y clase media consagran como modelo de comedia mundana. Aunque habrá variantes con otros actores (Enrique Rambal en *El despertar del lobo*) y hasta revisiones autocríticas (*El sátiro*, 1980, con la que Garcés cerró su carrera), fueron comedias como *Fray don Juan, Modisto de señoras, Fotógrafo de modelos* y *Veinticuatro horas de placer*, todas dirigidas por René Cardona hijo entre 1968 y 1970, las que definieron el erotismo institucional del fin de la década conflictiva.

Modisto de señoras, oscilaba entre la homofobia (Mauricio Garcés fingía ser gay), el voyerismo (Zulma Faiad en constante ropa interior) y la exaltación de la mujer casta (la mesera Irma Lozano). En 1980, Garcés se retiró con una amarga autocrítica: *El sátiro*.

La censura obligaba a hacer dobles versiones, una local y otra de exportación: en 1968, la casta *Santo en el tesoro de Drácula*, era conocida en Sudamérica como *El vampiro y el sexo*, con imágenes impensables entre los fans del Enmascarado de Plata.

Panavision: la cámara que forjó una patria

Surgido del cine independiente (*La manzana de la discordia, Familiaridades*), Felipe Cazals manipulando una *Panavision* y multitudes en *Emiliano Zapata*, era la imagen misma de una industria renovada.

El *Panavision* es un sistema de lentes anamórficos, que permiten encuadres muy amplios, aplicable a formatos de 35 y 65 mm.

La segunda mitad de los años sesenta hizo evidente el enardecimiento del viejo arsenal con que el cine mexicano buscaba combatir sus crisis de calidad y público: la superproducción (ambientada de preferencia en el pasado) basada en una pieza literaria. Eran tiempos de enormes admiraciones, y aunque la euforia de finales de los cincuenta por filmar las obras de Traven había concluido con la prohibición de *La rosa blanca*, la industria parecía no conocer, de momento, otro camino. No tenían límites la necesidad de figurar en los festivales internacionales ni, en consecuencia, la temeridad. De manera cada vez más abierta, el gobierno favorecía a ciertas películas, ya fuera garantizándoles una exhibición preferente (varias salas de distintas categorías para el estreno, "exhibición vertical", como se le llamó) o una leve apertura de la censura para incluir desnudos y palabras altisonantes (el célebre "Mayor... jijo de la..." de *Viento negro*).

Bajo ese clima, se invertía en 1966 todo el talento y el esfuerzo en adaptar la novela de Juan Rulfo *Pedro Páramo*, importando al galán norteamericano John Gavin, de acuerdo con la lógica internacionalista con que Ismael Rodríguez había traído

a Toshiro Mifune para *Ánimas Trujano* (1961) y a
Alida Valli para *El hombre de papel* (1963). En 1969,
ya en plan de dar la batalla decisiva con tecnología
de punta, se importó, en vez de un actor, una cámara de *Panavision*, el formato que desde hacía una
década caracterizaba a las superproducciones de
Hollywood. El objetivo era filmar la tercera versión
de la novela de José Rubén Romero, *La vida inútil
de Pito Pérez* (hubo versiones previas de Miguel
Contreras Torres, en 1943, y de Juan Bustillo Oro,
en 1956), ahora dirigida por Roberto Gavaldón, con
una inversión de dos millones y medio de pesos.

A la compulsión de superproducir se agregaron
el ímpetu de la nueva generación de directores y la
tensión política entre un sistema autoritario y una
creciente crítica a sus estructuras; el movimiento estudiantil de 1968
había polarizado a la clase media ilustrada y la misma nueva generación
enfrentaba un dilema: marginarse del Estado y desde esa precaria
posición ejercer las ideas, o integrarse al sistema con la esperanza de
cambiarlo. El cine del régimen diazordacista cierra con una película
manifiesto sobre esa confusión: *Emiliano Zapata* (1970): el productor,
actor, cantante y terrateniente Tony Aguilar abordaba la biografía de la
figura más espinosa de la cultura política, el gran sepultado del cine
mexicano (fuera de *El compadre Mendoza*, 1933, las pocas menciones
al zapatismo fueron siempre tangenciales). Se incorporaba, de las filas
del cine no industrial, a Felipe Cazals (*La manzana de la discordia*, 1968,
Familiaridades, 1969), para ostentarse con el camarógrafo Alex Phillips Jr.
en lo alto de una grúa coronada por la cámara de *Panavision*, arengan-
do a la masa de extras; se borraron del guión de Mario Hernández y
Ricardo Garibay las
precisiones históricas
(Zapata peleaba eter-
namente contra el villa-
no oficial, Victoriano
Huerta) y se dio forma
al molde del cine
político de la siguiente
década: el rebelde
nunca triunfa y la lucha
de clases culmina en
un baño de sangre del
que el malvado Estado
burgués sale siempre
vencedor.

*J*ohn Gavin, primo del guionista Carlos Fuentes, y entonces
estrella de una serie televisiva, vino a interpretar al
cacique tapatío *Pedro Páramo*; una de las muchas decisiones
fatales que marcaron la versión de Carlos Velo.

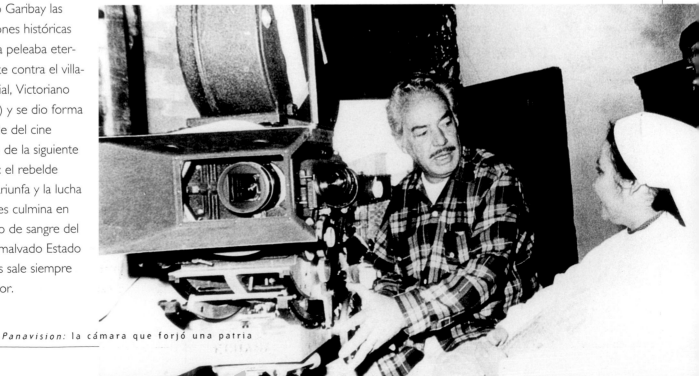

*C*armen Salinas tuvo su primer papel llamativo dirigida
por Roberto Gavaldón en *La vida inútil de Pito Pérez*,
que se benefició del sensible trabajo de Alex Phillips Jr. tras
la cámara.

El gobierno cineasta

A cargo de los hermanos Leopoldo y Marco Silva, la productora Marco Polo propició el ingreso a la industria de directores como José Estrada, quien consiguió en *Cayó de la gloria el diablo* su primera obra con personalidad.

Aquellos años fue el capricho gubernamental para el Año de Benito Juárez; de nuevo, Cazals y el Panavision al servicio de la historia oficial. Para caracterizar a Jorge Martínez de Hoyos como Juárez, se importó al maquillista de *El planeta de los simios*.

En 1970 se inició la operación más ambiciosa jamás orquestada para reorganizar toda la industria cinematográfica. El gobierno del recién electo presidente de la República, Luis Echeverría Álvarez, dio pasos agresivos para administrar el aprendizaje del cine, la producción, la distribución y hasta su premiación y conservación en un archivo fílmico (la exhibición ya la tenía desde 1960, cuando adquirió Operadora de Teatros). La pieza clave era el hermano del presidente, el actor Rodolfo Echeverría (Landa fue su apellido artístico), nombrado director general del Banco Cinematográfico, apenas un puesto abajo del presidente del banco, Mario Moya Palencia, secretario de Gobernación. Desde esa posición se dictaron los rumbos del cine: mientras los viejos productores mantenían sus hábitos y sus temas, un gobierno cada vez más hostil a ellos privilegió a las nuevas casas productoras, como Marco Polo, para la que debutaron en la industria, entre 1970 y 1971, Gonzalo Martínez y Jorge Fons (*Tú, yo, nosotros*; y Fons hizo su primer largometraje, *Los cachorros*), Sergio Olhovich (*Muñeca reina*), José Estrada (*Cayó de la gloria el diablo*) y Jaime Humberto Hermosillo (*La verdadera vocación de Magdalena*); Escorpión (*Mecánica nacional* y *El muro del silencio*, de Luis Alcoriza) y Alpha Centauri (*El jardín de tía Isabel*).

El involucramiento del gobierno fue total: en 1971 los estudios Churubusco, que eran de su propiedad desde 1960, se volvieron casa productora (*Doña Macabra*, de Gavaldón, y *Vals sin fin*, de Rubén Broido); se reinstaló la Academia de Ciencias y Artes Cinematográfi-

cas y el premio Ariel, suspendido desde 1958, se entregó en la residencia presidencial de Los Pinos, con discurso del primer mandatario de por medio. Se asignó una partida especial para que se filmaran, sin reparar en gastos, películas que celebraran a algún prócer del gusto oficial: se declara 1971 como el año del poeta Ramón López Velarde y se filma su biografía, *Vals sin fin*; el año siguiente es el de Benito Juárez y se hace la megaproducción *Aquellos años*, que de paso promueve las ideas del régimen —"El imperialismo cambiará de nombre, pero no de propósitos", hacía decir el guión de Carlos Fuentes al Benemérito de las Américas. En abril de 1972 el presidente Luis Echeverría visita Chile en apoyo al régimen de Salvador Allende, y ahí define que "Un cine que miente es un cine que embrutece." En 1973, los Churubusco dejan su labor productora: el gobierno ya creó sus propias empresas, Corporación Nacional Cinematográfica (CONACINE), que sólo ese año hace quince largometrajes, y en 1974

Construida con base en un foro de los estudios Churubusco, la Cineteca Nacional fue el orgullo legítimo del régimen, responsabilidad directa de Hiram García Borja (centro), director de Cinematografía.

El poeta y futuro director de la productora CONACITE 2, Rubén Broido, incurrió también en la historia conmemorativa en el Año de López Velarde (1971) con *Vals sin fin*, inerte biografía del poeta zacatecano.

dos versiones paralelas de Corporación Nacional Cinematográfica y de los Trabajadores (CONACITE I y II).

Se crearon también el Centro de Producción de Cortometraje, que en 1974 filma las giras del presidente; el Centro de Capacitación Cinematográfica (CCC), para formar a los futuros cuadros, y la Cineteca Nacional. Las tensiones entre los recién llegados y la vieja industria crecerían durante los años siguientes. En la entrega de Arieles de 1975, el presidente del país expulsa de la industria a sus viejos dueños: "¡Que se vayan a atender sus negocios de viudas!"

La vieja guardia

Siempre inquieto, Alejandro Galindo vio en el cantante ranchero Vicente Fernández la posibilidad de una figura de impacto popular; los resultados de *Tacos al carbón* (1971) le dieron la razón.

La combinación de Roberto Gavaldón con Mario Moreno haciendo *Don Quijote cabalga de nuevo* (1972) en España, sólo podía verse como una extravagancia del cómico.

Tacos al carbón, como otras películas del momento, reunía a dos generaciones de talentos, en este caso a los habituales de Galindo, Adalberto Martínez Resortes y Fernando Soto Mantequilla con Ernesto Gómez Cruz.

Conforme avanzaba el experimento del cine echeverrista, se iba gestando una contradicción intelectual y política: la dinámica gubernamental se encaminaba a crear la ilusión de un Nuevo Cine, a semejanza de los que en la década anterior florecieran en todo el mundo. El enemigo era el viejo cine, el de la crisis, el orientado al público latinoamericano menos exigente, el encarnado en las películas de luchadores enmascarados, cómicos populacheros y charros cantores. Pero por debajo se movía una nostalgia por la época de oro, que el gobierno suponía capaz de recrear por decreto y sin reparar en gastos. De manera que mientras se satanizaba a los viejos productores, se estudiaba con curiosidad a los cineastas que treinta años antes habían erigido la industria.

El cine gubernamental abrió sus puertas a directores y actores que ya eran leyenda: Emilio Fernández logró recrear con vigor sus obsesiones dramáticas y eróticas en *La Choca* (1973), por la que recibió su último Ariel. Roberto Gavaldón intentó la consagración cultural de un Mario Moreno que había perdido ya al público mexicano, en *Don Quijote cabalga de nuevo* (1972), adaptó con reparto internacional la novela de Sergio Galindo *El hombre de los hongos* (1975), y se agregó a la línea de la parodia política que toleraba el régimen con *Las cenizas de un diputado* (1976). Julio Bracho tuvo sólo dos oportunidades: el encargo de hacer la biografía del pintor José Clemente Orozco, *En busca*

de un muro (1973), y un alegato contra la migración rural al Distrito Federal, *Espejismo de la ciudad*, que abundaba en truculencias y carecía de los temas que tanto le importa-ban antes (la lucha del hombre de razón contra la barbarie institucional); José Bolaños le dio el papel de padre de Susana San Juan en su versión de *Pedro Páramo* (1981). Ale-jandro Galindo fue una figura de culto del Nuevo Cine, y así como Marte le produjo la arrabalera *Tacos al carbón* (1971), donde lan-zaba al público masivo a un joven Vicente Fernández y volvía a trabajar con su creatura David Silva, también le tocó inaugurar la producción en "cooperativa" con la sátira antirreligiosa *San Simón de los Magueyes* (1972) y hacer una parodia de los nuevos políticos y la vieja política sindical en *Ante el cadáver de un líder* (1973).

David Silva, aquí con la debutante Diana Bracho en *El castillo de la pureza* (1972), colaboró con entusiasmo en los proyectos de los jóvenes, sin importar sus disparates.

Sara García recibió un homenaje desmitificador de su figura mater-nal en la apoteósica *Mecánica nacional* (Alcoriza, 1971), sin dejar de desperdiciarse en comedias menores como *Entre monjas anda el dia-blo* (Cardona, 1972). Fernando Soler fue, con Gabriel Figueroa, el lujo que se dio Jaime Humberto Hermosillo en la gris adaptación de Ro-bert Louis Stevenson al siglo XIX mexicano en *El señor de Osanto*, y cerró su brillante carrera con un papel secundario en *El lu-gar sin límites* (1977). David Silva, por su parte, trabajó para las fantasías de Rafael Corkidi (*Ángeles y queru-bines*) y Juan López Moctezuma (*La mansión de la locura*), lo mismo que para Arturo Ripstein (*El castillo de la pureza*).

Pese a la ruptura de su imagen cinematográfica en *Mecánica nacional* (1971), Sara García no supo ser aprovechada por los nuevos directores.

A partir de *Jinetes en la llanura* (1964). Alberto Mariscal, aquí amenazando a Rafael Baledón, se afinó como el más cuidadoso realizador de *westerns*.

El *chili western*

En *El tunco Maclovio* Julio Alemán representa al héroe solitario y taciturno a la Clint Eastwood, un híbrido mexicanista que acomodaba sexualidad y violencia con anotaciones hollywoodenses más bien estorbosas.

Entre 1970 y 1971, el cine mexicano jugó a los vaqueros con un entusiasmo que no conocía desde la euforia por el melodrama a lo *Rancho Grande* de 1937 y 1938. No venía de las lúdicas aunque pobretonas recreaciones del *western* de Fernando Méndez y seguidores de los años cincuenta, ni de la melancólica mirada de los cineastas norteamericanos que afirmaban el crepúsculo del género (Sam Pekimpah y *La pandilla salvaje*, 1969, que tantos problemas le daba a la censura mexicana; el Howard Hawks de *El Dorado*, 1967, y *Río Lobo*, 1970; el Henry Hathaway de *Nevada Smith*, 1966, y *Temple de acero*, 1969). Si la comedia erótica que desarrolló la pareja Cardona Jr.-Mauricio Garcés aspiraba a su modelo italiano De Sica-Mastroianni-Loren, el *neowestern* mexicano nació del impacto que produjo en todo el mundo la versión paródico-perversa-detonante llegada de Italia, el *spaghetti western*.

El *western* italiano exacerbaba todos los elementos del género y aportaba otros nuevos: la violencia se convertía en espectáculo minucioso, en coreografía de matones sudorosos, crueles, con fronteras morales nebulosas, locaciones áridas en España que simulaban Arizona, una imitación puntual de los ambientes norteamericanos y una música entre elegiaca y crispada de Ennio Morricone.

El género entró de lleno en México en febrero de 1968, con el estreno de *Por un dólar de gloria*, de Fernando Cerchio; en marzo se estrenó *Sangre en las colinas*, de Carlo Lizanni. Fue todo lo que necesitó el hábil cultivador del *western* mexicano Alberto Mariscal (*Pistoleros de la frontera, El silencioso*) para intentar la primera vuelta de tuerca: *Todo por nada* (1968), donde a falta de Morricone estaba la guitarra eléctrica de Gustavo César Carrión, quien sería el músico oficial del género; a falta de matones, hubo vaqueros karatecas (Fernando y Mario Almada nacieron a la fama eterna). La producción, de los propios Almada, tenía mucha mayor ambición que el producto medio, pero faltaba el golpe definitivo: el estreno en 1969, con todas las reservas de la censura, de lo que se llamó *Lo bueno, lo malo y lo feo* (*Il buono, il bruto e il cattivo*, Sergio Leone, 1966), que permaneció en su cine de estreno nueve semanas. Sólo en los dos años siguientes se hicieron quince *westerns* según el canon Leone, y tocó al misticismo de Jodorowsky en *El topo* (1969) tanto como propició coproducciones con actores norteamericanos (*Arde, baby, arde*, de José Bolaños; *El sabor de la venganza*, de Mariscal, que reciclaba el argumento de *Los hermanos Del Hierro*).

A falta de una propuesta narrativa, sus personajes cargaban con toda la psicopatología freudiana: el Edipo de *El sabor de la venganza* (Jorge Luke e Isela Vega); la homosexualidad de los cómplices en *Los marcados* (Javier Ruan y Eric del Castillo; el productor, Tony Aguilar, que ya se había disfrazado de Zapata, ahora intentaba ser Clint Eastwood); el falocentrismo que culminaba en castración a balazos en la tardía pero mucho más interesante *El hombre desnudo* (Rogelio A. González, 1973). La corriente se agotó con la misma celeridad con que brotó. En 1976, *Víbora caliente* (Fernando Durán) fue ya una excepción; su madurez sólo evidenciaba su extinción.

El pueblito en el lote trasero de los estudio Churubusco fue el centro de decenas de balaceras tan violentas como inofensivas.

Quizá el éxito estético de El topo, de Alejandro Jodorowsky, se debiera a que entonces el western como género era el más abierto a la experimentación.

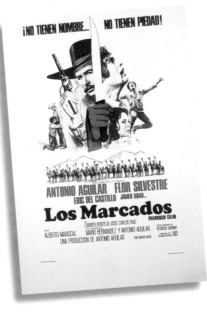

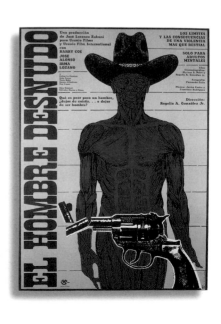

Antes
de hacer
María Sabina, mujer espíritu, en 1978, el documentalista
Nicolás Echevarría había trabajado en zonas rurales para
el Centro de Producción de Cortometraje.

El trauma del movimiento estudiantil era
evidente en la agresiva visión urbana de
Aquilae non caput muscas de Alfredo Gurrola,
y en la Ciudad Universitaria como espacio
cerrado de *Quizá siempre sí me muera* de
Federico Weingarstshofer, ambas de 1971.

Sergio García
(de boina) fue
el más firme
promotor del cine
independiente
en formato
súper 8.

El documental
y otros
marginados

Después del afianzamiento del régimen revolucionario, hacia principios de los años veinte, el documental, la primera gran escuela cinematográfica mexicana, entró en el letargo de la propaganda y la revista semanal noticiosa. Muy de vez en cuando algún cineasta emprendía algún trabajo por encargo: Gabriel Soria filmó el campo tabasqueño por encargo del gobernador Tomás Garrido Canabal en 1933; Fernando de Fuentes, Gabriel Figueroa y Mauricio Magdaleno hicieron *Petróleo, la sangre del mundo* para la compañía El Águila en 1936; Alejandro Galindo contó la historia de la Universidad y la pertinencia de construir la Ciudad Universitaria en *Crisol del pensamiento mexicano* (1952), por citar algunos casos ambiciosos pero condenados al olvido.

El año de 1968 es también el parteaguas histórico para el documental. En líneas paralelas, tenían lugar el movimiento estudiantil y la Olimpiada Cultural preparatoria de los Juegos Olímpicos a celebrarse en octubre. Las manifestaciones y confrontaciones entre universitarios y granaderos eran filmadas, con mínimos recursos, por estudiantes del CUEC (para filmar la Ciudad Universitaria ocupada por el ejército, cámara y camarógrafo se ocultaron en la cajuela del auto de la estudiante Marcela Fernández Violante). El resultado fue *El grito,* atribuida por el equipo que la realizó al estudiante Leobardo López Aretche, entonces preso por participar en el movimiento. Mientras tanto, Alberto Isaac (*En este pueblo no hay la-*

drones, *Las visitaciones del diablo*) encabezaba a un ejército con la tecnología de punta y todos los recursos financieros necesarios para la suntuosa *Olimpiada en México*.

De la experiencia universitaria nació todo un cine militante, de ficción y documental, en 16 mm o incluso en el precario formato casero del súper 8. Desde 1970 la UNAM y la ANDA patrocinarían varios concursos de cine independiente, para cine en 8 y súper 8 mm, donde probarían sus primeras armas Alfredo Gurrola (*Aquilae non capul muscas*), Gabriel Retes (*El paletero*, *Fragmento*), Sergio García (*Todos los caminos conducen a Anexas*, *Santa Fe*), Paco Ignacio Taibo II (*El día del asalto*) y Diego López (*Libe*). También se formarían grupos de filmación, como la Brigada Venceremos (*Decadencia*) y el Taller de Cine Octubre (*Chihuahua, un pueblo en lucha*, 1975). Entre dificultades inmensas para producir y exhibir, este tipo de cine buscaba externar desde las inquietudes personales de una generación desconcertada hasta los movimientos de descontento popular.

En el otro extremo, el gobierno echeverrista creó en 1971 el Centro de Producción de Cortometraje, que convocó a varios documentalistas para filmar los encargos oficiales más inocuos (informes, giras, inauguraciones); al final del sexenio, sin embargo, coprodujo con la *Office du Film* de Canadá tres documentales de diferente importancia: *Santa Gertrudis, primera pregunta sobre la felicidad* (Giles Groulx), donde unos ejidatarios replican a la historia de sus caciques; *Jornaleros* (Eduardo Maldonado), sobre las condiciones de vida errante de los campesinos sin tierra, y *Etnocidio, notas sobre el Mezquital* (Paul Leduc), sobre la miseria en el estado de Hidalgo, y que fue la única que logró exhibirse comercialmente.

En *Apuntes* (1974), con Eduardo López Rojas y Fernando Castillo, Ariel Zúñiga empezó a distinguirse por documentar la corrupción política, en este caso la sindical, y por el fino acabado estético.

Con *Los años duros* (1973) sobre los efectos de 1968, y *Los bandidos* (1974) sobre la guerrilla, Gabriel Retes destacó como el mejor realizador en súper 8.

Paul Leduc (segundo de izq. a der.) fue el primer beneficiado por la apertura gubernamental, que incorporó su *Reed: México insurgente* (1970) a la exhibición comercial.

Historia y masacre

Cananea (1976) se refería a la huelga en el centro minero, las ideas anarquistas que la animaron y el ingreso a México de los rangers texanos para reprimirla.

Marcela Fernández Violante fue el caso excepcional de una egresada del CUEC integrada a la industria sin ceder en sus aficiones históricas: dirigir Cananea fue todo un reto.

E l cine ha sido el terreno adecuado para observar los estragos de la historia oficial, implantada a golpes de censura desde que, en 1935 y de maneras nunca aclaradas, se le eliminó a ¡Vámonos con Pancho Villa! el final verdadero, en el que Villa (Domingo Soler) asesinaba a la familia de Rodrigo Perea (Antonio R. Frausto) y luego éste caía abatido por el general Fierro (Alfonso Sánchez Tello). El cine histórico mexicano fue, una década tras otra, un desfile de estatuas parlantes, concientes del papel que el destino les deparaba, ya fuera para descubrir América (Cristóbal Colón; Díaz Morales, 1942), para liberar a México del yugo español (La virgen que forjó una patria; Bracho, 1942) o de plano a América Latina (Simón Bolívar; Contreras Torres, 1940).

A finales de los años sesenta, esa concepción de la historia estaba en crisis: la publicación en 1969 del libro de John Womack Jr., *Zapata y la revolución mexicana,* sólo vino a subrayar, en momentos en que los universitarios buscaban figuras políticas contestatarias, que ya no se podían sostener los dogmas del dictador Porfirio Díaz, el chacal Victoriano Huerta y el centauro Pancho Villa en una batalla tras la cual venían el progreso, la educación y el bienestar. Para el cine, sin embargo, parecía no haber salida: controlado férreamente por la Secretaría de Gobernación, el intento del cantante Tony Aguilar de ser *Emiliano Zapata* terminó en una serie inmisericorde de ajustes al guión sobre la marcha: adiós todo rigor histórico, bienvenidas las poses estatuarias y las frases admitidas ("La tierra debe ser de quien la trabaje, pues"). Un añadido de fertilidad insospechada: la muerte final del héroe, el fracaso inmediato del rebelde, la victoria pospuesta para mejor ocasión.

Emiliano Zapata se alejó de todo rigor histórico para dividirse entre el oficialismo que interesaba a Tony Aguilar y el tremendismo de Felipe Cazals.

La política de "apertura democrática" desplegada por el gobierno de Luis Echeverría entendió la revisión histórica como una herramienta política necesaria. En el caso del cine, se abordaron las zonas oscuras de las épocas míticas, sobre todo la revolución y otras aledañas: la guerra cristera debutó como resonancia rulfiana en *Los días del amor* (Isaac, 1971) y como centro en la universitaria *De todos modos Juan te llamas* (Marcela Fernández Violante, 1975); así como figuraron la gubernatura liberal de Salvador Alvarado y la resistencia de los henequeneros en *La casta divina* (Pastor, 1976), o la rebelión antiporfiriana de Tomóchic en *Longitud de guerra* (Gonzalo Martínez, 1975).

La masacre parecía no tener fin. Jamás murieron tantos insurrectos en la pantalla como durante el sexenio echeverrista: cayeron, abatidos por el opresor, mineros en huelga (*Actas de Marusia,* Miguel Littin, 1975; *Cananea,* Fernández Violante, 1976), tomochitecos, juaristas (*Aquellos años*), Francisco Villa (*La muerte de Pancho Villa*; Mario Hernández, 1973), el socialista yucateco Carrillo Puerto (*Peregrina*; Hernández, 1972), todo tipo de revolucionarios (*El principio*, Gonzalo Martínez, 1972; *Los de abajo*, Servando González, 1976). La moraleja era clara: inútil oponerse al poder.

Un caso aparte fue la revisión del pasado inmediato emprendida por Felipe Cazals desde *Canoa* (1975), en la que se invertían todos los signos políticos del movimiento estudiantil para que resultara que el ejército salvaba a los universitarios de la ira del pueblo. La apoteosis sería la explotación de todos los miserabilismos en *Las Poquianchis* (1976).

Al invertir todos los signos políticos de un momento de la historia reciente, Canoa (1975) resultó el producto más hábil de la manipulación histórica del régimen.

A la larga cadena de mártires del cine echeverrista se sumó el diputado Belisario Domínguez (Héctor Ortega), opositor de Victoriano Huerta, en Cuartelazo (1976).

Un elenco notable, que incluía a Sara García, Pancho Córdova, Fabiola Falcón, Héctor Suárez y Manolo Fábregas, y una visión muralista de la miseria moral de la clase media, hicieron de *Mecánica nacional* un modelo que nadie logró superar.

El destape a la mexicana empezó con el sexenio: en *Fin de fiesta* (1971), de los muchos invitados a una fiesta burguesa, entre ellos la empleada del comité olímpico Ana Martín y el *hippie* Gabriel Retes, sólo conservaba la ropa la sirvienta Sara García.

Infame patria

Entre los tópicos que puso en revisión la crisis sociopolítica de 1968, el de *lo mexicano* sufrió las mayores sacudidas. Al milagro económico del país se enfrentaba la multitud de *Hijos de Sánchez* que no habían necesitado de la antropología de la pobreza de Oscar Lewis para enturbiar el panorama. El macho ya no era el valor positivo y de exportación de los años cuarenta, y sí un motivo de vergüenza tan grande como el complejo de inferioridad nacional proclamado por Samuel Ramos en los treinta, el sentimiento de soledad demostrado por Octavio Paz en los cuarenta y la tendencia al relajo descrita por Jorge Portilla a mediados de los sesenta. Y junto con el macho se venían abajo todos los atavismos: "¡Como México no hay dos!", "¡Pégame, pero no me dejes!", "Pobres, pero con mucho corazón."

En cine, *La fórmula secreta* (Gámez, 1965), segundo lugar del primer Concurso de Cine Experimental, se adelantó a captar ese malestar y traducirlo en sus símbolos: un ave encerrada en el Zócalo, un burócrata perseguido y arrastrado por un charro a caballo, unos campesinos clavados a una tierra estéril y erosionada, etcétera. El intento de Gámez, como su carrera en la industria, no tuvo continuidad. El país requería una crítica del mexicano obvia, gritona, costumbrista, clasista; se la dio una película-manifiesto que nadie anticipaba, *Mecánica nacional* (Luis Alcoriza, 1971), el taquillazo más espectacular del echeverrismo (39 semanas en su cine de estreno; sólo la superarían, en toda la década, dos extranjeras, *La aventura del Poseidón*, con 81 semanas, y *Les Valseuses*, con 84).

Alcoriza continuó la línea con su cuento *Fe*, del tríptico *Fe, Esperanza y Caridad* (1972), sobre un faquir de feria crucificado, y la orientó hacia el oportunismo político en *Las fuerzas vivas* (1975). Quizá su intención era satirizar los hábitos de la clase media como un grupo hipócrita, chantajista, cargado de traumas y contradicciones, en un leve giro al cine aleccionador que había desarrollado en la década anterior, pero abrió una caja de Pandora; si para Alcoriza el mexicano era ridículo, para quienes le siguieron era despreciable, siempre y cuando fuera de una clase social lo más baja posible. La avalancha se disfrazó de denuncia social (*México, ra, ra, ra*, de Gustavo Alatriste; *El elegido*, de Servando González), de denuncia política (*En la cuerda del hambre*, de Alatriste; *Renuncia por motivos de salud*, de Baledón), de lamentación ante la imposibilidad de salir del hoyo (*Los albañiles*, Jorge Fons, 1976; *El Milusos*, Roberto G. Rivera, 1981, sucesora en taquilla de su ya muy deteriorado modelo).

Pudo desarrollarse un cine de revisión popular, sobre todo en la mirada de José Estrada (*Cayó de la gloria el diablo*, 1971; *El profeta Mimí*, 1973; *Los indolentes*, 1977) y en el cuento *Caridad* de Fons, pero la urgencia del reconocimiento fácil privilegió la comedia devaluatoria, cuyo detonante fue *Picardía mexicana* (Abel Salazar, 1977), celebración de la embriaguez y el doble sentido machista sin complejos que dominaría al cine popular de la siguiente década.

Entre los cineastas de su generación, Jorge Fons destacó por su fuerte toque popular, que hizo de su cuento *Caridad*, con Katy Jurado, una de las obras más importantes de la década.

Una familia paralizada por la nostalgia porfiriana en pleno alemanismo es el tema de la mejor película de José Estrada, *Los indolentes* (1977), con Miguel Ángel Ferriz, Rita Macedo e Isabela Corona.

Luis Alcoriza (con la cámara) continuó su afán de crítica social en *Las fuerzas vivas* (1975), comedia sobre la revolución en un pueblito aislado.

Basada en una novela de...

El cine mexicano ha buscado a su público de clase media ilustrada por la vía del prestigio literario; hacia 1918, cuando aún negaba sus posibilidades populares y buscaba atraer a la misma clase a la que pertenecían sus cineastas, el cine mexicano emprendió una breve pero intensa actividad adaptando novelas *(Santa* y *La llaga* de Gamboa, filmadas por Luis G. Peredo; *Tabaré*, filmada por Luis Lezama; *El Zarco*, por cuenta de José Manuel Ramos, etcétera); en los años treinta y cuarenta, el cine atrajo a todo tipo de literatos, que se aventuraron en el guionismo y la adaptación de obras de todo el mundo. En parte, las raíces literarias de la mayoría de las películas del primer Concurso de Cine Experimental daban cuenta de la curiosidad de una nueva generación de novelistas por el medio, semejante a la de treinta años atrás, y su inclusión durante el echeverrismo se parecía mucho a esa vieja urgencia de atraer a un público que había abandonado al cine mexicano hacía varios años.

Gabriel García Márquez fue una pieza central del guionismo mexicano, aunque en el sexenio echeverrista sólo se filmó su argumento para Presagio (1975) de Luis Alcoriza.

En 1970, cuando el novelista José Agustín dirigió a Angélica María y Luis Torner en Ya sé quién eres (te he estado observando), representó un eco de las presencias literarias del primer Concurso de Cine Experimental.

Para *Tívoli* (1974), Carlos Monsiváis compuso la letra de varias canciones.

Originalmente, *El castillo de la pureza* se basaba en la novela de Luis Spota *La carcajada del gato*, en la que Dolores del Río haría el papel que finalmente hizo Rita Macedo con Claudio Brook y Diana Bracho.

El gobierno echeverrista llamó la atención por su empeño en atraer a una intelectualidad que el régimen anterior había convertido en su enemiga. Ya desde la campaña electoral de Luis Echeverría, había convencido de tal manera a Carlos Fuentes con una plática en Nueva York que el novelista declaró: "No apoyar a Luis Echeverría sería un error histórico." Y Sergio Olhovich filmó en 1971 el cuento de Fuentes *Muñeca reina*, que representó a México en la primera Muestra Internacional de Cine con que el gobierno suplía a la conflictiva Reseña de Festivales de Acapulco. Fuentes sería el guionista del monumento a la ideología del régimen: *Aquellos años* (1972). Y tras él, José Emilio Pacheco hizo los guiones de *El castillo de la pureza*, de la recreación del juicio colonial contra los judíos Carbajal de *El Santo Oficio* y de la superproducción de aristócratas bebiendo daiquiris en una playa desierta, *Foxtrot*, todas de Arturo Ripstein; Fons hizo obvios los matices de Vargas Llosa en *Los cachorros* (1971); a Jorge Ibargüengoitia le tocó muy mala suerte cuando un José Estrada fuera de tono y de presupuesto filmó en Costa Rica su novela *Maten al león* (1975); al menos gozó los beneficios de un buen reparto cuando Julián Pastor le filmó su historia de amor universitario *Estas ruinas que ves* (1978). A Rosario Castellanos le simplificaron a niveles de telenovela *Balún Canán* (Benito Alazraki, 1976), mientras que un Archibaldo Burns que había mostrado excelente mano cuando adaptó de modo muy libre el relato antropológico de Ricardo Pozas *Juan Pérez Jolote*, no pudo con las complejidades narrativas de Castellanos y la lucha entre los mundos indígena y mestizo en *Oficio de tinieblas* (1979).

Parecía no tener fin la intrepidez de los cineastas: ya en el nuevo sexenio lopezportillista, con las reglas del juego cambiadas, Juan Ibáñez inventó un mundo propio en los Churubusco para filmar las *Divinas palabras* de Valle Inclán, y José Bolaños aprovechó los mismos decorados para armar su Comala personal en la segunda versión de *Pedro Páramo*. En la transición de sexenios, Ripstein pudo, gracias al guión no acreditado de Manuel Puig, hacer de la novela de José Donoso *El lugar sin límites*, la película más importante de su carrera.

Maten al león, con Jorge Rivero y Martha Zamora, sólo confirmó que la suerte de Jorge Ibargüengoitia en el cine estaba todavía muy lejana.

No importa lo que cueste

M*iguel Littin dirigió* Actas de Marusia *esperando que los ingresos en taquilla se destinaran a la* Casa de Chile. *La película jamás recuperó su inversión.*

El echeverrismo vio en el cine un instrumento de legitimación y promoción, y supo crear, con un hábil uso de voces prestigiosas, la ilusión de una nueva época de oro. El clima favorable a un cine más ambicioso, sin embargo, fue aprovechado primero por los productores privados, básicamente Tony Aguilar con sus películas históricas, y René Cardona, con un esquema muy amplio de temas: lo mismo intentó el cine infantil de aventuras (*Un pirata de doce años,* 1971, *Zindy, el niño de los pantanos,* 1972, *Viaje fantástico en globo,* 1974, ya en colaboración con CONACINE), que abrió el camino al nuevo tremendismo disfrazado de recreación histórica (*El valle de los miserables,* 1974, donde prodigaba desnudos femeninos, violaciones, torturas minuciosamente expuestas para mostrar las condiciones de vida del campamento de castigo porfiriano) o aprovechando los libros de éxito del momento (*La isla de los hombres solos,* 1973, un *Valle de los miserables* con sabor tropical).

El apoyo del Banco Cinematográfico propició un optimismo que hizo promediar una inversión de dos o tres millones de pesos para una película mínimamente ambiciosa (*Ángeles y querubines* o *El rincón de las vírgenes*) pero empezó a propiciar la desmesura: la impericia y la ambición desmedida causaron que el desfile de truculencias entre náufragos hispanos que era *El jardín de tía Isabel* (Cazals, 1971) costara once millo-

nes de pesos e ingresara en taquilla, un año después, 453 225 pesos; *El rincón de las vírgenes* (Alberto Isaac, 1972, producida por los Churubusco) ingresó 99 141 pesos; que una película como *Calzonzin inspector* (Arau, 1973), que costó más de once millones, recaudara 5 817 206, parecía un signo alentador.

El gobierno dotó de presupuestos ilimitados según los gustos del gobierno mismo: la película juarista

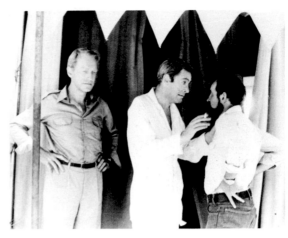

Max von Sydow y Peter O'Toole no fueron los únicos que padecieron la filmación de *Foxtrot*. Por razones inexplicables, debía haber un jardín de rosas en plena playa, cuyo mantenimiento elevó los costos a las nubes.

Aquellos años, que Cazals hizo inmediatamente después de *El jardín de tía Isabel*, como parte de los festejos del Año de Juárez, para afirmar la imagen liberal del régimen, costó 9 898 695 pesos: en los 21 cines de estreno que se le asignaron en la ciudad de México, sólo permaneció tres semanas. Si el gobierno insistía en su apoyo al derrocado Salvador Allende, de las arcas públicas salían 16 657 000 para que el cineasta chileno Miguel Littin hiciera *Actas de Marusia*, con el italiano Gian Maria Volonté al frente del reparto; si había que hacer un gesto de repudio a Francisco Franco, pues a asignar 16 086 812 pesos para que el español Antonio Eceisa dirigiera *Mina, viento de libertad* (con José Alonso como Francisco Javier Mina, Héctor Bonilla como fray Servando Teresa de Mier y una semana en cartelera).

El límite fue alcanzado por Gonzalo Martínez al recibir, para su segundo largometraje, sobre la rebelión del pueblo de Tomóchic contra la tropa porfiriana, *Longitud de guerra* (1975), 19 381 976 pesos (tiempo en cartelera: dos semanas). No era la norma de la producción, pero sí un exceso sin justificante: el gobierno no arriesgaba dinero propio sino el de los impuestos, lo que desquiciaba el juego en relación con los productores privados y, lo más grave para el proyecto, era un cine opuesto a los intereses y las necesidades del espectador.

El Santo Oficio fue una superproducción colonialista que no convenció ni a la crítica siempre favorable a Ripstein.

Una afortunada coincidencia entre la política populista del presidente Luis Echeverría y el personaje indígena inventado por María Elena Velasco (la *India María*) dio un impulso insólito a la carrera de ésta.

El político como actor

Mario Moreno estuvo muy cerca de Rodolfo Echeverría como un agente legitimador en caso de emergencia popular.

Con todo, la cercanía entre el político y el cine establecía otro clima: la prensa se permitía bromas sobre la juventud del gabinete o las manías nacionalistas del presidente, que se recibían con aparente buen humor o tolerancia. Fueron los cineastas quienes establecieron el nivel medio del cine político industrial, un fenómeno insólito: abrió el fuego la comedia de situaciones de Alejandro Galindo *Ante el cadáver de un líder* (1973), que exhibía el oportunismo de sindicalistas y de neopolíticos echeverristas (Gonzalo Vega imitaba el modo de hablar del presidente); mucho más tibia y ambi-

Descongelada en 1972, tras once años de castigo, La rosa blanca de Roberto Gavaldón llegó a historieta en chino, en los afanes oficiales por promover el cine en el extranjero.

ciosa *Calzonzin inspector* (Arau, 1973) era en rigor una consagración del mismo funcionario nuevo, quien al final llegaba para doblegar a los viejos caciques que se habían puesto en evidencia al confundirlo con el indio Calzonzin (Arau).

En 1974 se destapó la imaginería política: *La casa del sur* (Olhovich) mostraba la imagen sorprendente del ejército masacrando a unos indígenas; la universitaria *Meridiano 100* (Alfredo Joskowicz) hablaba abiertamente de guerrilleros que fracasaban al querer politizar a unos campesinos; *Auandar Anapu* (Rafael Corkidi) contaba la confrontación entre un mesías proletario (Ernesto Gómez Cruz) y un militar (Jorge Humberto Robles), y hasta la comediante María Elena Velasco, *la India María*, armó su utopía política en *La presidenta municipal*. Alberto Isaac marcó la línea descendente: *Tívoli* quería homenajear a los teatros de revista clausurados por el regente Ernesto P. Uruchurtu en el ruizcortinismo, pero no se atrevía a mencionar al funcionario por su nombre o por su cargo (era "el alcalde", y el presidente de la República era "el hombre").

El cine político no volvió a ese nivel: en 1975 la propuesta era abiertamente panegirista, ya fuera por cuenta de Mario Moreno (*El ministro y yo*), de Rafael Baledón (*Renuncia por motivos de salud*, cuadro de la incorruptibilidad de un burócrata presionado por familia y compañeros de trabajo) o de Jaime Casillas (*Pasajeros en tránsito*, sobre unos guerrilleros latinoamericanos muy inciertos, y *Chicano*, paráfrasis de la lucha de Reies Tijerina en Estados Unidos). Con todo, en medio se pudo dar cauce a una línea anticlerical que dio piezas tan dispares como la comedia de Galindo *San Simón de los Magueyes*, la epopeya burocrática *Aquellos años* o la sangrienta recreación de nota roja *Canoa*. Cine histórico, superproducción y política dieron esa imagen de esplendor por decreto que ya no se repetiría.

El gobierno puso un marcado interés en abrir salas de exhibición nuevas y restaurar muchas de las viejas, bautizándolas con nombres de glorias de la época de oro.

Los excesos

Alumno aventajado de Ismael Rodríguez, Rogelio A. González cultivó con encono la truculencia (una retrasada mental embarazada en *La inocente*, 1970, las memorias de una prostituta real en *Toña, nacida virgen*, 1982).

En *La sangre enemiga* (1969) Rogelio A. González no escatimó nada: miseria, deformidades físicas y mentales (David Reynoso y Carlos Ancira) y sexualidad (Meche Carreño y Leticia Robles).

Hacia la segunda mitad del echeverrismo, mientras el grueso de la producción abundaba aún en películas del *Santo* y comedias rancheras que hablaban de una vieja industria en crisis y que se negaba a morir del todo o a ceder su sitio al gobierno, se gestaron las obras del exceso, en parte como réplica a las propuestas de ruptura de otros cines (*La gran comilona* de Ferreri, la trilogía de la vida de Pasolini y su eternamente prohibida *Saló o los 120 días de Sodoma*), y en parte por las aplicaciones bárbaras de la nueva liberalidad de la censura, que nunca dejó su labor vigilante, administrando con cuidado las obras audaces, políticas o eróticas.

El cine mexicano tenía ya sus maestros del exceso, que a finales de los sesenta mostraban bríos, como si el tiempo no pesara a veteranos como Ismael Rodríguez (*Faltas a la moral*, 1969, donde un niño muere de diarreas mientras su padre —Alberto Vázquez— gasta su dinero en apuestas y su madre —Ana Martin— se prostituye), o su alumno Rogelio A. González (*La sangre enemiga*, 1970, una *troupé* circense miserable donde el payaso jorobado es amante de su propia hija, a quien intentan violar un tendero, un obrero y su bruto hermanastro).

Ya en el echeverrismo, los cineastas mostraron la misma cautela que tuvieron con el cine político; un momento liberador fue cuando la mismísima Sara García exclamó en pantalla "¡Que se chingue la abuela!" (*Mecánica nacional*); fue la declaración de independencia del uso de las palabras altisonantes en el cine de prestigio, y tuvo su consagración cultural en la adaptación de la novela y la obra teatral de Vicente Leñero *Los albañiles* (Jorge Fons, 1975).

La mentada de madre y las acepciones de "chingada" se aplicaban
en cada diálogo como un elemento naturalista, el paso siguiente del
hablar cantadito de *Kid* Terranova en *Campeón sin corona* (Galindo,
1945) y de Pepe *el Toro*. El malestar de los numerosos enemigos del
experimento echeverrista se cebó fácilmente en lo abrumador y mal
instrumentado de la catarata de groserías.

Por otro lado, los Cardona y Rogelio A. González
abrieron el camino de la violencia visual y sexual en
cuatro películas premeditadamente chocantes: *Super-
vivientes de los Andes* (Cardona, 1975), cuyo literal
plato fuerte era el acto de canibalismo que hizo célebre el caso sucedido tres años antes; mientras,
Cardona hijo no desaprovechó la oportunidad de
violar actrices desnudas y latiguear a actores esclavi-
zados en *El valle de los miserables* (1974). El caso González es aparte: en 1973 filmó en Canadá *El hombre desnudo*, un *western* psicopático pletórico en desnudos, violaciones y
un remate donde se castraba de un balazo al villano desnudo; al año
siguiente hizo lo propio en el melodrama rural *La india*, que contaba los
amores de una indígena hipererotizada (Isela Vega) con un ranchero
(Fernando Almada) y su hijo edípico (Jaime Moreno); el asunto
incluía un parto salvaje que terminaba con el entierro inmediato
del bebé muerto entre truenos condenatorios. Que Felipe
Cazals, luego de explotar la violencia política en *Canoa* y la car-
celaria en *El apando*, extendiera la estética de nota roja a la violencia prostibularia en *Las Poquianchis*, era sólo la consagración

cultural de toda una
línea cinematográfica.
De nuevo, los resentidos
con el régimen alertaban
sobre el horror en que
se había caído: pero las
cosas se pondrían peor
después.

Hija del prestigioso director Julio Bracho y sobrina de Andrea Palma, Diana Bracho fue la actriz más destacada y solicitada del cine echeverrista.

La estrella vacía

Las *Poquianchis* se nutrió de la mayor parte de la nueva generación de actrices: María Rojo, Tina Romero, Diana Bracho.

El problema empezó a mediados de los años cincuenta, cuando ya en la industria se hablaba de "la crisis", y de hecho fue una de sus manifestaciones más claras: el cine mexicano había perdido su capacidad de generar estrellas, figuras cuyo paso por la pantalla convocara a las multitudes, movilizara a todos los públicos. Las muertes de las estrellas de la época de oro (Infante en 1957, Armendáriz en 1963) dejaron vacíos imposibles de llenar por una industria que cada vez se atenía más a la baratura de la producción y a la falta de ambiciones artísticas y económicas de actores cuya popularidad previa se debía a la televisión.

Entre los cambios que sufrió el cine en los años setenta, no se contó con relevos en las filas de las estrellas. El cine gubernamental fracasó estrepitosamente al intentar hacer de sus actrices y actores figuras de impacto masivo, aunque no faltaron talentos, sino todo lo contrario. Una nueva generación se incorporó y refrescó el panorama: Héctor Bonilla, Salvador Sánchez, Gonzalo Vega, Rodrigo Puebla y los más veteranos Enrique Lucero y Ernesto Gómez Cruz, entre los hombres, y Helena Rojo, Maritza Olivares, Leticia Perdigón, Tina Romero y María Rojo, entre las mujeres. La figura más destacada fue Diana Bracho, cuya presencia, desde *El castillo de la pureza* (1972), se prodigó (*Encuentro de un hombre solo* de Olhovich, *Chin Chin el teporocho* de Retes, *Actas de Marusia* de Littin, *El hombre del puente* de Baledón, *Las Poquianchis* de Cazals) como si en ella cifraran los cineastas la belleza intensa y discreta a contrapelo de la exuberante *vedette* en bikini que definía al cine convencional. Prácticamente encarnó a la actriz del experimento echeverrista: elegante, cosmopolita aun disfrazada de indita con trenzas (Olhovich) o de prostituta arrabalera (Cazals), aunque el cambio de sexenio canceló, entre tantas cosas, su presencia hasta muy remoto nuevo aviso, casi quince años después. Cedería su lugar a María Rojo, de presencia más carnal y cercana, que impresionaría con su fuerte actuación en *El apando* (1975) y que sería la musa de los cineastas desplazados por el siguiente régimen.

Que tanto talento no llegara al público habría que reprochárselo a un cine que sólo ocasionalmente lo atrajo (el objetivo directo era la clase media, más inclinada al producto extranjero). En los terrenos del cine popular más barato se gestaron dos estrellas poco atendidas por la crítica: *la India María*, creación de la corista del teatro Blanquita María Elena Velasco, quien armó un personaje verosímil y bien arraigado en la tradición del indio pícaro e ingenuo del viejo teatro de revista; en su momento se le vio como la sucesora de *Cantinflas*, sobre todo tras su paso por la televisión, donde sus improvisaciones en torno al momento político le ganaban aplausos pero le cerraban puertas. El cine le concedió simples comedias absurdas y mal filmadas (*Tonta tonta, pero no tanto*, 1971; *El miedo no anda en burro*, 1973; *La presidenta municipal*, 1974, todas dirigidas por el veterano Fernando Cortez), pero se ganó a un público fiel y poco exigente. En las antípodas está Mario Almada, como el hombre de acción que exigían las nuevas convenciones del cine de aventuras: un rostro surcado de arrugas estilo Charles Bronson, con la impavidez de Clint Eastwood y la facilidad para pasar del *western* a capitanear matones fronterizos contemporáneos (*La dinastía de la muerte*, Raúl de Anda hijo, 1975) o perseguir narcotraficantes (*La banda del carro rojo*, Rubén Galindo, 1976), todo en medio de una lluvia de balas que enardecía los cines de barriada.

Leticia Perdigón destacó como una fresca encarnación de la joven de los años setenta, desde su aparición en *La otra virginidad* (1974, Juan Manuel Torres) y su buen trabajo en *Coronación* (1975) de Sergio Olhovich.

Tras varias apariciones inadvertidas, Mario Almada saltó a la fama en el *western* con karatecas *Todo por nada* (1968) hasta ser un ídolo del cine popular.

La presidenta municipal consagró a María Elena Velasco como la comediante del público más humilde y menos exigente, que aún guardaba veneración por viejos ídolos como Adalberto Martínez Resortes.

Una obra para la eternidad

Entrega de los Arieles a la producción de 1974. El presidente de la República expulsó de su propia industria a los productores privados, ante el arrobo de la escritora María Luisa la China Mendoza y la actitud distante de Mario Moreno.

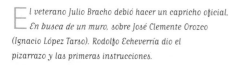

El veterano Julio Bracho debió hacer un capricho oficial. En busca de un muro, sobre José Clemente Orozco (Ignacio López Tarso). Rodolfo Echeverría dio el pizarrazo y las primeras instrucciones.

El gobierno de Luis Echeverría tenía una mentalidad escenográfica, dramática, de discursos cataclísmicos en circunstancias espectaculares (el regaño a los empresarios azucareros por televisión), que terminaba plasmándose en magnas obras arquitectónicas, en la búsqueda del elogio y la diatriba. La industria cinematográfica fue un escaparate promocional privilegiado: el Plan de Reestructuración de la Industria Cinematográfica que presentó Rodolfo Echeverría en 1971 dejaba muy pocos puntos fuera, y fue notable la celeridad y la abundancia de recursos con que erigió el monumento a sí mismo.

El 19 de febrero de 1972 quedó reconstituida la Academia de Ciencias y Artes Cinematográficas; una diferencia básica con la Academia vieja era su clara dependencia del gobierno y su proyecto cinematográfico: prácticamente ratificaba con sus premios los dictados del Banco Cinematográfico. La primera premiación, en agosto de 1972, indica el desconcierto inicial del experimento: el Ariel a la mejor película se dividió entre *El águila descalza* de Arau y *Las puertas del paraíso* de Laiter, un cineasta que inmediatamente después quedó fuera del grupo. Al año siguiente ya la línea era clara y el empate fue entre

tres: *El castillo de la pureza, Mecánica nacional* y *Reed: México insurgente.* Ese año se marcó el signo más significativo de la función de la Academia: la premiación se hizo por primera vez en los jardines de la residencia presidencial de Los Pinos, con discurso del primer mandatario.

Con los años, la ceremonia se volvió un intercambio de elogios y proclamas: la escritora María Luisa Mendoza fue la oradora en 1974: "Y estamos aquí, Señor Presidente, frente a usted que es para mí el protagonista de la mejor película que mi ciudadanía libre me ha ganado para actuarla y observarla." En 1975, el presidente agitó las aguas a los sindicatos y los productores: "A los responsables de la industria cinematográfica debemos pedirles todos: el Estado (la Presidencia de la República lo hace en este momento) y todos los sectores de trabajadores, que se unan y que sustituyan a los señores productores cinematográficos." Ahí mismo corrió a los productores que habían arruinado la industria. "yo les indico, en este momento, al señor secretario de Gobernación y al señor director del Banco Cinematográfico, que vean el modo... de darles las gracias a los señores industriales del cine para que se dediquen a otra actividad". En 1976, la escritora Josefina Vicens, presidenta de la Academia, aprovechaba el viaje: "Estamos seguros de que si el sufragio favorece al licenciado José López Portillo, admirador entusiasta de usted y de la forma en que ha regido al país, su obra será continuada, complementada, perfeccionada, pero nunca interrumpida ni truncada."

La Cineteca Nacional gozó de una programación excepcional, una biblioteca muy completa e instalaciones terriblemente inadecuadas.

Como una noble contraparte, en enero de 1974 se inauguró la Cineteca Nacional, sobre los terrenos de los estudios Churubusco, aprovechando la estructura de uno de los foros para la sala Fernando de Fuentes. Tenía una biblioteca muy bien surtida, dos salas públicas (Fernando de Fuentes y Salón Rojo), una programación notablemente equilibrada entre lo nacional y lo extranjero y un catálogo de 2 500 películas.

El prestigio del experimento oficial llamaba la atención en el extranjero: el polaco Krzysztof Zanussi visitó a los artífices.

El tono poético y libre de Rafael Corkidi al adaptar la novela de Agustín Yáñez, *Al filo del agua*, provocó en 1977 el malestar de las nuevas autoridades y del autor: la película se retituló *Deseos*.

Horacio Salinas descansa en el set de *La montaña sagrada*, filmada por Alejandro Jodorowsky en 1972, en pleno prestigio mundial tras *El topo*, aunque no se estrenó hasta 1975.

Construcciones y destrucciones

El experimento del cine gubernamental alteró para siempre a la industria de manera profunda; tanto que en 1975 se hablaba de la virtual expropiación del cine mexicano. Quienes lo habían hecho a su manera durante cincuenta años veían con enorme resentimiento el alcance de la operación; quienes se habían beneficiado de la extensa estructura creada en cinco años, empezaban a madurar luego de despilfarros, falsos arranques y aciertos aislados. Pero en toda la industria dominaba la incertidumbre central: ¿qué pasaría cuando terminara el sexenio? ¿Qué tan sólidas eran las instituciones cinematográficas gubernamentales? ¿La misma voluntad presidencial que las creó las podría desbaratar? ¿Realmente quería el gobierno controlar así al cine; sabía hacer cine?

La respuesta la tenía sólo una persona, el licenciado José López Portillo, secretario de Hacienda y Crédito Público, nombrado candidato a la presidencia por el Partido Revolucionario Institucional y que asumió el poder en diciembre de 1976.

Mientras se resolvía la duda, cineastas y funcionarios se apresuraron a filmar lo que resultaría ser el bloque más interesante de películas de toda la década: en 1976, Jaime Humberto Hermosillo optó por un tono menor y lúdico para homenajear la película de Alexander Mackendrick *Vendaval en Jamaica*, con base en las aventuras de dos niños unidos a dos rateros homosexuales en el México contemporáneo; el cineasta chicano José de Jesús Treviño logró que CONACINE copatrocinara *Raíces de sangre*, un notable testimonio de las coincidencias de objetivos de mexicanos y chicanos. En 1977, después de despilfarros irresponsables como *El Santo Oficio* y *Foxtrot*, Arturo Ripstein, con la ayuda del guión del novelista argentino Manuel Puig, hizo *El lugar sin límites* (1977), un trabajo intenso, la primera reivindicación del erotismo homosexual en el cine mexicano; Rafael Corkidi forjó la primera bomba para el nuevo régimen, *Deseos*, una versión libérrima, sensual, imaginativa, como toda su obra, a partir de la respetable novela de Agustín Yáñez, *Al filo del agua*. Carlos Enrique Taboada, previendo cualquier cambio de vientos ideológicos, hizo *La guerra santa*, un lúcido recuento de la guerra cristera desde el desconcertado punto de vista de un campesino católico (José Carlos Ruiz); José Estrada, por su parte, confirmó que su talento era una cuestión de voluntad al lograr un testimonio de sorprendente fuerza y significación social, *Los indolentes*, sobre una familia porfiriana venida a menos y resentida contra el cardenismo, que espera inmóvil el regreso de los viejos tiempos; Olhovich optó por la producción ínfima para adaptar un cuento de Juan de la Cabada, *Llovizna*, un cuadro de las paranoias de la clase media en la figura de un hombre (Aarón Hernán) que termina asesinando a un grupo de indígenas a quienes da un aventón. Raúl Araiza, de formación televisiva, debutó con *Cascabel*, exposición del juego de corrupciones que impide el contacto entre clases y grupos sociales del país, a partir de la realización de un documental en los Altos de Chiapas.

Hicieron bien en apresurarse: el nuevo gobierno estableció sus primeras reglas del juego al cancelar la filmación de proyectos ya muy avanzados: *Chico grande*, de Felipe Cazals, sobre la incursión de Pershing contra Pancho Villa; *Misión americana*, de Alcoriza, sobre agentes de la CIA en América Latina, y *Antonieta Rivas Mercado*, con la que debutaría dirigiendo el editor Rafael Castanedo.

Los méritos mayores de *El lugar sin límites* fueron que reivindicara por primera vez al homosexual, y que el papel estuviera magistralmente interpretado por Roberto Cobo.

El novelista Juan Manuel Torres dirigió, con Meche Carreño como actriz central, una serie de notables melodramas sobre la condición femenina, que cerró con *La mujer perfecta*, con Ricardo Blume.

Dando un giro al falso documental experimentado por Cazals en *Canoa*, el debutante Raúl Araiza, egresado de la televisión, consiguió en *Cascabel* un interesante comentario sobre la manipulación que el régimen ejerció sobre los indígenas.

La pasión según Berenice, con Martha Navarro, marcó la madurez de Jaime Humberto Hermosillo, que pronto se refugiaría en el cine marginal.

José López Portillo no compartía el entusiasmo cinematográfico del presidente anterior, pero le superó en afanes nepotistas: para empezar, situó a su hermana Margarita al frente de los medios de comunicación.

Tiempo de revancha

Como seis años antes, inesperadamente el cine mexicano amaneció en diciembre de 1976 dependiendo de las decisiones del presidente de la República. José López Portillo heredó un complejo cinematográfico total, lleno de intereses creados; una industria tan tensa como el país que el echeverrismo dejó, con una moneda devaluada y una iniciativa privada resentida, y unas clases media y baja amenazadas por la inflación y el desempleo.

A medio camino entre la ruptura y la continuidad, el presidente prolongó el rito de su antecesor: nombró a su hermana, la novelista Margarita López Portillo, directora de Radio, Televisión y Cinematografía (RTC), una dependencia de la Secretaría de Gobernación anteriormente sólo operativa, para canalizar la política del régimen en los medios de comunicación. La industria entendió que la persona y el puesto serían los nuevos interlocutores; en el Banco Cinematográfico quedó el anterior director de Cinematografía, Hiram García Borja. Desde RTC saldrían las directrices del cine, a las que se atendrían el Banco y todo el aparato gubernamental.

En una visita que rindió la Sección de Técnicos y Manuales del STPC a Margarita López Portillo, el 27 de enero de 1977, ésta definió sus primeros propósitos: por supuesto, "respeto absoluto a la libertad de expresión en el cine, y luchar porque a través de éste se logre el acercamiento familiar en nuestro medio", pero confirmó su "total repudio contra el cine vulgar cuyo contenido pueda lesionar las costumbres y la moral de nuestro pueblo". Éste fue el banderazo de salida de una campaña intensa, sobre todo en las revistas de política, en contra del cine del sexenio anterior, al que sistemáticamente se le acusó de pornográfico, violento, dispendioso y de marcados tintes izquierdistas. Detrás de muchos de esos artículos se adivinaba el rencor de los viejos productores que, durante un sexenio, habían sido satanizados y oficialmente expulsados de su propio negocio.

Las siguientes señales oficiales fueron alarmantes: se anunció, y en septiembre de 1977 se cumplió, el cierre de la productora CONA-

CITE I. Se advirtió sobre la reducción de los presupuestos (ninguna película del gobierno podía exceder un presupuesto de seis millones de pesos, devaluados a la cuarta parte de su valor del año anterior) y la producción misma se reducía de 46 películas a 25. Los proyectos se cancelaron uno tras otro; los sindicatos pedían audiencia con la nueva cabeza del medio, y sólo la obtuvieron hasta ese mismo septiembre, después de la publicación de desplegados firmados por un Frente Nacional de Cinematografistas, integrado por todos los afines al echeverrismo, desde directores y guionistas hasta críticos de cine y estudiantes del CCC, cuyo porvenir no lucía muy seguro.

La imaginación y sensualidad desbordadas de Rafael Corkidi no fueron bien vistas por la nueva administración: Las lupitas, con Ernesto Gómez Cruz e inquietantes alusiones religiosas, terminó haciéndose en video.

Los productores privados volvían en plan revanchista y con los mismos vicios del cine barato, revisado ahora por la permisividad de la censura del sexenio pasado: lejos de los objetivos oficiales de un cine familiar, el cine "de ficheras" marcaría el tono del lopezportillismo. La rueda de la fortuna política dejaba al cine de cabeza... otra vez.

Bellas de noche, surgida al amparo de la permisividad echeverrista, abrió toda una corriente popular bajo las presencias contundentes de Jorge Rivero y Sasha Montenegro.

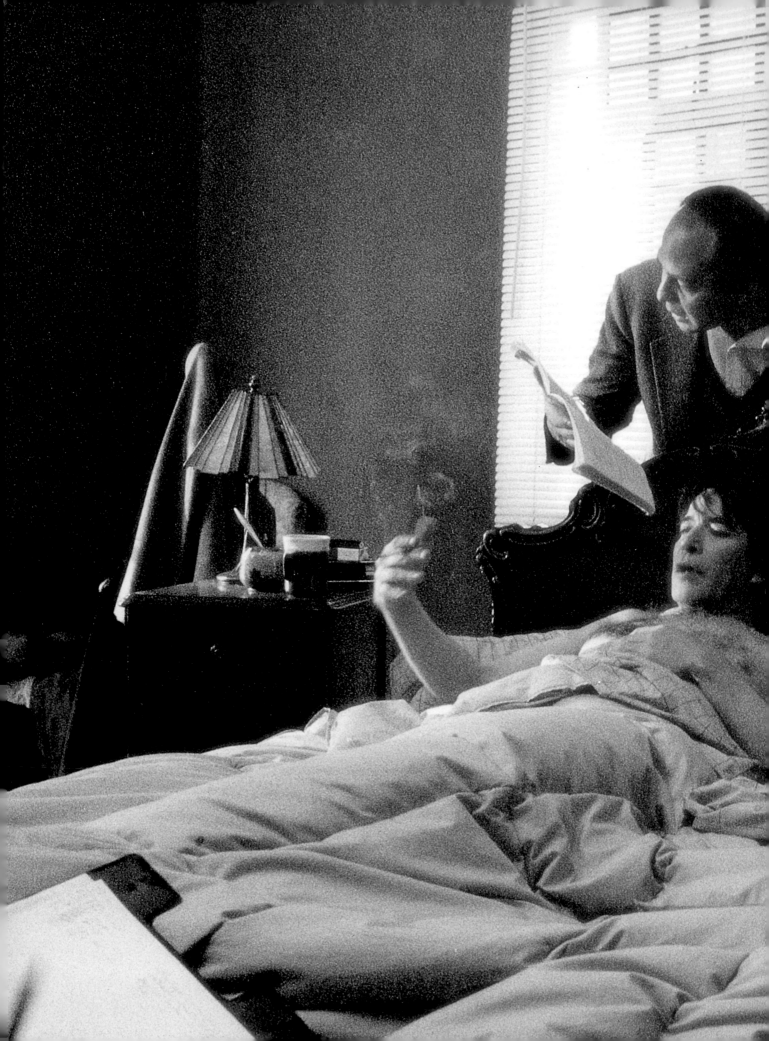

Volver a empezar
1977-1997
José Felipe Coria

Bellas de noche

El cine de ficheras, relajo celebratorio de la picardía mexicana, oposición y provocación al cine estatal.

Al frente, María Fernanda y Sasha Montenegro en *Muñecas de medianoche*. Sasha, que encarnó todo tipo de ficheras entre 1976 y 1988, fue la presencia constante y más admirada del género.

Si consideramos el número de éxitos estrenados en los últimos años del régimen echeverrista, pese a los traumáticos cambios económicos, vemos que la industria cinematográfica salió casi ilesa. En 1975 fueron exhibidas 54 producciones y 10 coproducciones mexicanas; un año más tarde, la cifra creció a 72 y 8, para caer a 40 y 6, respectivamente, en 1977. Pero esta fase fue breve, la recuperación ocurrió pronto: en 1978 se exhibieron 65 producciones y 12 coproducciones y, en 1979, 85 y 16. Algunas de estas cintas habían esperado hasta dos años para ser estrenadas.

Aunque el incremento inflaciona-
rio rebasó el cien por ciento de un día
para otro, el ritmo productivo se sos-
tuvo gracias a la permisividad temática
del gobierno, la cual aprovecharon al
máximo los productores: recurrieron
de inmediato a los albures, los desnudos y los temas afines a estos motivos
(el único límite lo constituían la sexualidad explícita y los asuntos políticos
"delicados") y comenzaron a cosechar
triunfos en el río revuelto del cambio sexenal.

La productora Cinematográfica Calderón tomó la delantera a partir
de *Bellas de noche* (Miguel M. Delgado, 1974), que estuvo 26 semanas
en cartelera tras ser estrenada el 25 de septiembre de 1975. Luego vi-
nieron sus secuelas: *Las ficheras/Bellas de noche II* (Miguel M. Delgado,
1976), *Noches de cabaret/Las reinas del talón* (1977), *Las cariñosas*
(1978) y *Muñecas de medianoche* (1978), todas de Rafael Portillo; muchas sirvieron para convertir a Sasha Montenegro en la diva del género
y para reivindicar la intocable figura de Isela Vega como gran devora-
hombres.

Este nuevo género, saludable en taquilla, dio otros frutos de irregular calidad: *Las del talón* (Alejandro Galindo, 1977), producida por la
compañía Agrasánchez y protagonizada por Jaime Moreno, Pilar Pellicer
y Ana Luisa Peluffo; *Guerra de sexos* (Raúl de Anda, 1978), también con
la Peluffo y con Rebeca Silva, y *El sexo me da risa* (Rafael Villaseñor
Kuri, 1978), con Sasha Montenegro, Gloriella —*vedette* en ascenso— y
el cómico por antonomasia del fin de la década, *Lalo el Mimo* (Eduardo
de la Peña).

El género resultó tan rentable, que incluso las productoras estatales
incursionaron en él con ligeros intentos, sin desnudos y con tono exis-
tencialista, tales como *¡Oye Salomé!* (Miguel M. Delgado, 1978), producida por CONACINE, en la que Sasha Montenegro bailaba la muy de
moda canción salsera del título, y *La vida difícil de una mujer fácil* (José
María Fernández Unsaín, 1977), producida por CONACITE II, en la que se
exponían su belleza y habilidad histriónica.

Serían los años ochenta el momento cli-
mático de este tipo de películas. Pero también
el de su decadencia, una vez agotados sus es-
quemas carentes de trama argumental, sus historias con estructura melodramática ineficaz y,
paradójicamente, sus desnudos, como en *La
chica del alacrán/El trasero de oro* (Víctor Manuel *Güero* Castro, 1990).

L yn May, en *Las lupitas*, pasó de fichera
exuberante y bailarina exótica a simbólica
belleza venerable.

U n tema con mínimas
variaciones, que explotaba
las imágenes que sus divas
ofrecían en pantalla: el
sexo reprimible o el
voyerismo como último
placer supremo. Abajo,
Isela Vega da sus pasos
por el cabaret.

La escuela residual

Vicente Fernández fue el último charro que triunfó encarnando en su rostro y sus actitudes a la patria que se mantiene fiel a sus usos y costumbres.

Entre 1976 y 1979 se estrenaron, con retraso, cintas de diversos registros cómicos y melodramáticos protagonizadas por cantantes, en cuya producción participaron tanto el Estado como la iniciativa privada. En ellas se resucitaba la fórmula de *Allá en el Rancho Grande*, para que cada cantante encarnara un último esplendor de aquel subgénero. La serie más destacada fue la de Vicente Fernández: *La loca de los milagros* (Fernández Unsaín, 1973), con Libertad Lamarque, *El albañil* (José Estrada, 1974), *Juan Armenta* (Fernando Durán, 1974), *Dios los cría* (Federico Curiel, 1975), *El tahúr* (Rogelio A. González, 1979), con la Miss Universo española Amparo Muñoz, e incluso un *enchilada western*: *La ley del monte* (Alberto Mariscal, 1974). En las ficciones virilistas de Rafael Villaseñor Kuri, ambientadas en la ciudad o en el campo, Fernández tamizaba una realidad exacta, la del machismo que no se avergüenza de sí mismo. Así, en *Un hombre llamado el diablo* (1981), *El sinvergüenza* (1983), *Todo un hombre* (1983), *Matar o morir* (1984), *El diablo, el santo y el tonto* (1985), *Los tres alegres compadres/Entre compadres te veas* (1986) y, especialmente, en *El macho* (1987), el actor y cantante consuma su periplo barriobajero que alcanzó su sublimación con *Picardía mexicana 1 y 2*.

Antonio Aguilar, por su parte, extendió su fama con historias residuales del Rancho Grande dirigidas por Mario Hernández: *El rey* (1975), *Volver, volver, volver* (1975), *La muerte de un gallero* (1977), entre muchas. Otro cantante recién llegado que hizo películas similares, aunque con fortuna declinante, fue Cornelio Reyna: *Yo y mi mariachi* (Rubén Galindo, 1974),

Posteriormente, este género obtuvo triunfos inesperados con nuevos valores de la composición como Juan Gabriel. Luego del impacto de *Nobleza ranchera* (Arturo Martínez, 1975) y *En esta primavera* (Martínez Solares, 1976), el cantante hizo cintas más ambiciosas en las que combinaba su biografía con la denuncia de problemas sociales, como los horrores de emigrar por hambre o ser encarcelado: *Del otro lado del puente* (1979), *El Noa Noa* (1980) y *Es mi vida* (1982), todas de Gonzalo Martínez Ortega.

Pero también se intentó romper el esquema ranchero en producciones con mayor énfasis en el aspecto musical que en el dramático. Por ejemplo, *Mariachi* (Rafael Portillo, 1976), coproducida por CONACINE y la Sección de Compositores del Sindicato de Trabajadores de la Producción Cinematográfica, trata la historia del mariachi mexicano en la figura de Silvestre Vargas y su conjunto de Tecalitlán. *De Cocula es el mariachi* (Martínez Solares, 1977), en cambio, buscaba dar un giro cómico al tema; y lo mismo sucedió, pero con una variante norteña, en *El fayuquero* (M. Delgado, 1978), protagonizada por Eulalio González *Piporro* y Rosenda Bernal. Las cintas estelarizadas por Yolanda del Río repitieron esta fórmula con tono exaltado en *La hija de nadie* (Tito Novaro, 1976) o *Los hombres no deben llorar* (Roberto Ratti, 1976).

Y hubo incursiones en el arrabal con melodramas como *La niña de la mochila azul* (R. Galindo, 1979), donde surgió a la fama el niño Pedrito Fernández, e incluso documentales: *Rigo, una confesión total* (Víctor Vío, 1978), que tuvo éxito en cartelera y abrió paso al díptico semibiográfico del cantante dirigido por Felipe Cazals: *Rigo es amor* (1980) y *El gran triunfo* (1980).

Las sexy comedias prometían una sexualidad que temían manifestar. Lo que enunciaban jamás lo desarrollaban.

La Revolución fue un tema sobrante que, como en esta cinta, dirigida por Francisco Guerrero en 1982, podía estelarizar el cantante Juan Valentín. Hasta que nos quedamos sin figurones que siguieran los pasos de *Chente*.

Chente y Lina Santos en *El macho*, anuncio del desgaste del cantante como icono. En *Por tu maldito amor* (R. Villaseñor Kuri, 1990) éste fue aún más evidente, y en *Mi querido viejo* (Villaseñor Kuri, 1991) pasó la estafeta a su hijo Alejandro, pero ya sin opción de continuidad.

Ebúrneo elefante de cartón

El periodo lopezportillista estuvo marcado por el dispendio y la tragedia. Margarita López Portillo, directora de Radio, Televisión y Cinematografía, dilapidó su presupuesto en películas hechas con el propósito de dignificar el cine nacional. Tras un fallido intento de importar a Federico Fellini, coprodujo con Francia *Más locos que una cabra* (Francis Veber, 1981), comedieta protagonizada por Gérard Depardieu. El burócrata soviético Sergei Bondarchuk dirigió *Campanas rojas* (1981), un *chili western* historicista, cuyo rodaje arrancó con el guión incompleto, que mostraba la historia sin unidad ni conclusión de un John Reed (1887-1920), interpretado por Franco Nero, que turistea por la Revolución mexicana del brazo de su amada Mabel Dodge (Úrsula Andress). El resultado efectivo fue la reducción del reportaje clásico *México insurgente* (1914) a un apunte costumbrista con forzada coincidencia con los intereses del régimen. Los personajes eran de cartón, desde un Zapata (Jorge Luke) que come tacos con ansiedad en representación de una razón histórica, hasta la masa popular, convertida en escenografía de blanquísima manta que persigue una muerte inmortalizadora. *Campanas rojas* no puso al día la revolución; más bien la redujo a un tedioso recuento de balaceras: casi la mitad de su metraje expone la revuelta como un caos abstracto sin pertinencia socio-moral.

El derroche prosiguió con la filmación de cintas semejantes que, por hostilidad hacia los cineastas del sexenio echeverrista,

fueron encargadas a realizadores extranjeros. Así, en *Antonieta* (Carlos Saura, 1982), Isabelle Adjani interpretaría a una Antonieta Rivas Mercado (1900-1931) vista como musa desquiciada de José Vasconcelos durante su aventura electoral de 1929; la futilidad de la producción quedó manifiesta en la escena del suicidio en Nôtre Dame, para la que se contó con los servicios remunerados en dólares del guionista buñueliano Jean-Claude Carrière. *Eréndira* (Ruy Guerra, 1982) fue otra onerosa producción por sus numerosas locaciones, efectos especiales, escenografías y reparto multiestelar: Irene Papas, Claudia Ohana, Michael Lonsdale, y al final no logró capturar el realismo mágico de García Márquez.

Entre 1981 y 1982 el Estado produjo apenas catorce largometrajes, dejando de lado proyectos tan interesantes como el guión *Río Blanco*, de Roberto Gavaldón, por citar un caso, y apostó a tres proyectos poco menos que mediocres: *Bajo la metralla* (Cazals, 1982), *El hombre de la mandolina* (Martínez Ortega, 1982) y *El tonto que hacía milagros* (M. Hernández, 1982), un churro más que prescindible.

Los favoritos del sexenio anterior sobrevivieron entre contradicciones: Arturo Ripstein filmó la vida erótica de un cura y su mucama en *La viuda negra* (1977), que fue enlatada por la propia censura lopezportillista y debió esperar hasta 1983 para ver la luz, e hizo *Rastro de muerte* (1981), basada en la novela homónima de Mercedes Manero, amiga de Margarita López Portillo.

Margarita López Portillo quiso que María Félix regresara al cine protagonizando su propia novela, *Toña Machetes*, otra superproducción que, cuando se hizo en 1983, semi-escondió su crédito como autora.

Doña Margarita, Úrsula Andress, Franco Nero y Sergei Bondarchuk. El sueño opiáceo de todo burócrata: internacionalizar el cine mexicano sin medir gastos ni rendir cuentas a nadie.

*La impunidad del poder dejó en escombros
la memoria fílmica del país. Ante el
horror del siniestro nadie quiso asumir la
responsabilidad del mismo.*

La memoria en llamas

*La interrogación
sigue vigente. El
acervo, perdido para
siempre.*

La prensa del país resumió en una palabra la causa del incendio
que consumió a la Cineteca Nacional el miércoles 24 de marzo de 1982: negligencia. A raíz de esta tragedia, según la versión oficial, murieron 36 personas. Extraoficialmente se dijo que fueron
más de sesenta y nadie se responsabilizó. Margarita
López Portillo declaró que el incendio se debió a
que la Cineteca fue construida "arriba de un arsenal":
las películas viejas, elaboradas con nitrato de plata,
que debieron haberse conservado en almacenes especiales de los estudios Churubusco. Sin embargo, durante su administración se acumularon hasta saturar
una de las seis bóvedas disponibles para películas de
acetato (el respaldo actual), que no son inflamables ni
explosivas.

Mientras se exhibía *La tierra de la gran promesa*
(Andrzej Wajda, 1974) en la Sala Fernando de Fuentes y
continuaba el ciclo "La pareja y otras crisis" en el Salón

Rojo, explotó una parrilla en el contiguo restaurante Wings, según el apresurado peritaje de la Coordinación Social de la Presidencia de la República. La versión de la Dirección General de Policía y Tránsito era que un corto circuito había hecho estallar quince litros de nitrato de plata. Por otra parte, la inspección del sistema de aire acondicionado, hasta que llegó Jorge Durán Chávez a la dirección de Cinematografía, había sido una labor cotidiana: los desperfectos se arreglaban al instante; sólo que Durán Chávez despidió al equipo de mantenimiento.

En las 72 horas previas al incendio, el calor era palpable en las oficinas, en el Salón Rojo y en las bóvedas, que necesitaban temperaturas inferiores a los 10° C. La hipótesis nunca fue desmentida: una falla en el aire acondicionado causó el desastre de forma natural. Los llamados de alerta hechos con insistencia desde 1978 se dieron de frente con la sordera de la directora de RTC, quien al exculparse la noche del siniestro aseguró que había pedido a "las altas autoridades" (las tres únicas por encima de su cargo: los secretarios de Gobernación y de Programación y Presupuesto y el presidente de la República, su hermano José) 25 millones de pesos, que nunca le dieron, para bóvedas aislantes del "peligrosísimo material" acumulado en la Cineteca, institución a su cargo y a sus órdenes. En cambio, un año antes sí consiguió 34 millones de pesos para *Campanas rojas*, estrenada en 25 cines de la capital una semana antes del aciago día 24.

El viernes 27 de enero de 1984, con un acervo minúsculo, se inauguró la nueva sede de la Cineteca en lo que fue la plaza de los Compositores, donada por la Sociedad de Autores y Compositores, con la exhibición de *Memorias de un mexicano* (Carmen Toscano, 1950). Para el 10 de junio de 1997, casi sin presupuesto y sin catalogar muchos de sus seis mil títulos, con las salas invadidas por goteras y reducida a circuito menor de exhibición, Rafael Tovar y de Teresa atestiguó el traspaso de la Cineteca a su territorio, el Consejo Nacional para la Cultura y las Artes, por conducto de la Secretaría de Educación Pública.

Las llamas consumieron siete decenios de historia cinematográfica: poco más de cinco mil títulos acumulados entre 1974 y 1978, año en que la Cineteca editó su última memoria, desaparecida sin explicación.

Imposible recuperar copias únicas, y cientos de documentos: dibujos de Eisenstein, originales de Rivera donados por el *Indio Fernández*, un programa original del *Perro Andaluz* firmado por Buñuel... Abajo, cartel original de *La tierra de la gran promesa*.

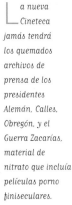

La nueva Cineteca jamás tendrá los quemados archivos de prensa de los presidentes Alemán, Calles, Obregón, y el Guerra Zacarías, material de nitrato que incluía películas porno finiseculares.

Nace una estrella sin luz

El Señor Licenciado. Enrique Soto Izquierdo al tomar posesión del IMCINE reflejó abiertamente la situación estatal: sincero, declaró ignorar todo sobre cine.

Con mal tino político, como si celebrase la desaparición de la Cineteca, un año después el nuevo gobierno de Miguel de la Madrid decretó, el 25 de marzo de 1983, la creación del Instituto Mexicano de Cinematografía (IMCINE), el cual dependería de RTC y estaría limitado a simples "funciones operativas". La flamante novedad burocrática quedó en manos del cineasta Alberto Isaac, paisano del presidente.

Isaac encabezó una especie de foro de consulta, efectuado la primera semana de mayo en Monterrey, Guadalajara, Hermosillo y Mérida, para establecer la política que regiría los destinos de la industria cinematográfica; pero todo fue lastrado por la demagogia, propuestas inviables debidas a la falta de voluntad política y declaraciones pintorescas, como una de Isela Vega: "Estamos por la descentralización propuesta por el señor presidente. Queremos que la televisión se vaya a Toluca, que la radio se vaya a Pachuca y que la censura se vaya a chingar a su madre." El foro fue una pérdida de tiempo que evidenció la inoperancia del IMCINE, y en ello abundó el propio Isaac al declarar a *Esto* (25/I/86): "El Instituto carece de los instrumentos para realizar cabalmente los planes que se había trazado [debido a] limitaciones de tipo económico y administrativo." El novedoso Instituto sólo produjo películas oropeladas: *El corazón de la noche* (Jaime Humberto Hermosillo, 1983), con lisiados que suponían un plagio del "Informe sobre ciegos" de Ernesto Sábato; *Mexicano, tú puedes* (José Estrada, 1983), tibia denuncia de las taras tradicionales de la alienación urbana; *Orinoco* (Julián Pastor, 1984), historia a dos voces entre Ana Luisa Peluffo y Blanca

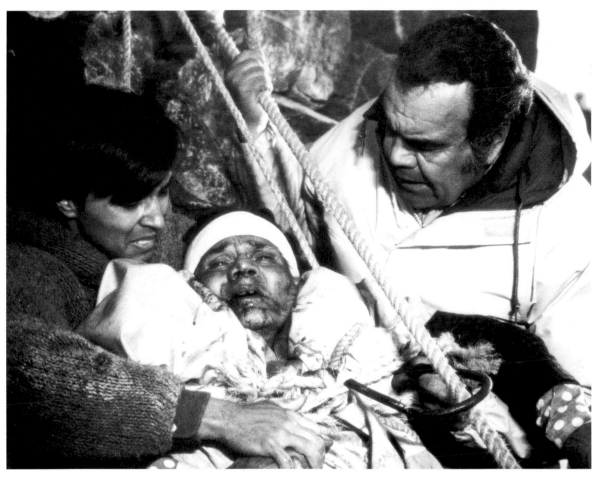

Guerra de una teatralidad inexpresiva inspirada en Emilio Carballido; *Astucia* (Mario Hernández, 1985), ganadora del concurso de guiones de la Sociedad General de Escritores de México (SOGEM) de 1983, hecha como vehículo estelar para Toñito Aguilar; *Terror y encajes negros* (Luis Alcoriza, 1984), *thriller* con arquetipos femeninos sacrificables, y *El imperio de la fortuna* (Ripstein, 1985), revisión miserabilista del texto rulfiano *El gallo de oro*, filmada con grandeza veinte años atrás por Roberto Gavaldón.

Dos sexenios después, el deterioro del IMCINE fue obvio con la renuncia de Pedro Armendáriz Jr. al consejo consultivo: "llevamos un año y pico y no pasa absolutamente nada", dijo, y abundó sobre la ineficacia del Instituto: "No tenemos dinero y desperdiciamos el ochenta por ciento de nuestro presupuesto en boberías" (*Reforma*, 28/III/96).

La última gran esperanza del IMCINE encarnó en su quinto director, el cineasta Diego López, designado el 20 de septiembre de 1996. En ese año el Instituto apenas participó en trece filmes y tres coproducciones, exactamente un diez por ciento de la producción total de la industria hasta 1989.

Alberto Isaac. Según sus panegiristas, renunció por dignidad al enfrentar en desigualdad de condiciones a COTSA, rebelde a sus planes de funcionario. Según sus detractores, lo defenestraron por inepto.

Víctor Manuel *Güero Castro*. Fue, junto con Alfredo Gurrola, el director más prolífico de los años ochenta con casi tres largometrajes por año. Angélica Chaín, por su parte, reinó en el arrabal, la vecindad, los restos del cabaret y la taquilla.

Un cabaret llamado arrabal

En el sexenio de la "renovación moral" (1982-1988), abundó la inmoralidad en el cine del gobierno: la injustificada continuación de *Viento negro*, *El último túnel* (Servando González, 1987); se "apoyó" a los jóvenes financiando una recopilación de cuentos en *Historias violentas* (Víctor Saca, Carlos García Agraz, Daniel González Dueñas, Diego López, Gerardo Pardo, 1984); se escarneció a la filicida Elvira Luz Cruz en *Los motivos de Luz* (Felipe Cazals, 1985); Sergio Olhovich se premió a sí mismo con un Ariel por *Esperanza* (1988), y ante la inoperancia del cine estatal, los productores privados decidieron que no había otra ruta que la suya.

Cuando el cine de ficheras se volvió un residuo de su estéril reproducción, el cabaret trasladó sus valores al arrabal y a la vecindad empobrecida. Además, el terremoto de 1985 determinó una visión que era latente en las nuevas producciones, así como el deterioro económico tangible en paredes, calles y habitaciones, espacios donde se vivían fic-

ciones entre cochambre y podredumbre, sin más aliciente que la risa del albur y la ridiculización del sexo frustrado.

Los cómicos emblematizaron esta realidad con sus caras estragadas por el reventón, vidas de relajo continuo y actitudes entre violentas y celebratorias de una estabilidad imposible. Alfonso Zayas ostentó el número uno en taquilla de 1986 a 1989 con *Los verduleros* (Adolfo Martínez Solares, 1987), cuya secuela del mismo año anticipó la explotación del tema lumpenario de *El día de los albañiles* y la búsqueda edénica de la clase humillada en *El rey de las ficheras 1* (1987) y *2* (1988), bajo las órdenes del amo del género, el director y argumentista Víctor Manuel *Güero* Castro. Alberto *Caballo* Rojas estelarizó la serie *Un macho...: en la cárcel de mujeres* (Castro, 1987), *en el salón de belleza* (Castro, 1988), *en el reformatorio de señoritas* (Castro, 1988) y, especialmente, *en la tortería* (1989), con la que confirmó la alternativa que tomara como director un año antes con *El gurañón 2*.

Rafael Inclán, otro estereotipo del deterioro social, tuvo su serie consagratoria: *El Mofles y los mecánicos* (1985), *Las movidas del Mofles* (1987) y *El Mofles en Acapulco* (1988), todas de Javier Durán; y Luis de Alba consiguió su parcela en el Olimpo de la comedia de arrabal cuando le cuajaron *Las calenturas de Juan Camaney* (Alejandro Todd, 1988), personaje surgido del alcoholizado reventón callejero visto ya en *Los verduleros* y *Los gatos de las azoteas* (Martínez Solares, 1988). Esta comicidad sobre el desempleo perpetuo produjo ejemplos finales que exploraron estereotipos picarescos extraídos de la clase obrera, como en *Los hojalateros* (Castro, 1990), o de la sátira descarnada del humor homofóbico: *Hembra o macho* (Castro, 1990).

*A*lfonso Zayas, el taquillero del decenio, fue el último cómico promovido por Gilberto Martínez Solares, único director que, a lo largo de cinco décadas, trabajó con todos los cómicos importantes de nuestro cine.

*S*asha, eclipsada por los cómicos y la exaltación del barrio, fue reemplazada por las supersexuales Lina Santos y Lorena Herrera. Su última aparición: *Ellos trajeron la violencia* (Ismael Rodríguez, 1989).

Una frontera más moral que real; centrada en la
épica del crimen, no en denunciar la explotación
—en el género, el mojado es mártir supremo. Vende más
el amarillismo que el documento.

Ricardo Deloera y Mari Carmen
Reséndiz en *Lo negro del
Negro*. Picaresca del ambivalente
criminal escarnecido con inocente
admiración, como si nunca antes
hubiera existido y apenas se
inventara.

"Pura
gente noble"

La frontera norte es un pretexto magnífico para intentar vali-
dar cualquier exceso melodramático. Sólo es necesario enfrentar dos idiosincrasias irreconciliables: la lucha contra el
gringo prepotente y la renuncia del mexicano a su esencia al traficar
droga para ser alguien.

En pocos años se pasó de producir películas banales tipo *Mamá so-
lita* (M. Delgado, 1980), o seudodenunciatorias
como *Las braceras* (Fernando Durán, 1980), a
sagas pendientes de elogio hechas desde mediados de los años setenta, cuando la frontera
se convirtió en tierra de nadie del narcotráfico.
Sobre estas bases surgió el género más complejo del cine popular. Las expresiones iniciales
fueron los corridos llevados al espectáculo en
Contrabando y traición/Camelia la texana (Arturo
Martínez, 1976), seguidas de inmediato por *Ma-
taron a Camelia la texana* (A. Martínez, 1976),
La hija del contrabando (Fernando Osés,
1977), *La mafia de la frontera* (Jaime Fernández, 1979) y *Emilio Varela vs. Camelia la texana*
(Rafael Portillo, 1979). Sin embargo, para los

narcofilmes de los años ochenta —cerca de cincuenta cintas al año entre 1982 y 1988, casi la mitad de la producción— la realidad se hizo más tentadora que la ficción.

Las Camelias, cuya película cumbre fue *Lola la trailera* (Raúl Fernández Jr., 1984), quedaron atrás cuando apareció la veta docudramática de tinte rojo y amarillo que exaltaba la impunidad y la corrupción tanto de narcos como de policías del lopezportillato. Así, *Lo negro del Negro* (Ángel Rodríguez Vázquez y Benjamín Escamilla, 1985) y su réplica, *Durazo, la verdadera historia* (Gilberto de Anda, 1987), en la que el mismo policía es un héroe salvapatrias, antecedieron a miradas vitales e íntimas de capos elevados a ejemplos de ciudadanía, inspirados en Rafael Caro Quintero, cuya captura en 1986 cimentó la leyenda detonante del género. Los vencedores ya no eran seres ficticios, tanto que incluso se produjo una película "difícil" y censurada: *El secuestro de un policía/El secuestro de Camarena* (Alfredo B. Crevenna, 1985), sobre el asesinato del agente de la DEA en Jalisco.

El cine de producción privada contaba con nuevos y fuertes imanes de taquilla: los narcos que enfrentaban a federales de caminos e intentaban cruzar la frontera en busca de un paraíso inexistente en su patria. Los elementos esenciales del género se concentraron en la cinta clave *Operación Mariguana* (José Luis Urquieta, 1985), que puso en la pantalla lo que los periódicos glosaban a diario: la escandalosa situación del narcotráfico, su contubernio con la ley y su excedido folclor en ambos lados de la frontera. Antes de *Operación Mariguana* se desconocían los rasgos de esa "gente noble, como yo" —el propio Caro Quintero se refería así a sus esbirros. Pero estos caracteres míticos sin rasgos ni emociones desaparecieron con la quiebra de la distribuidora Películas Nacionales en 1991, así como con el cierre paulatino de salas dedicadas a exhibir cine mexicano. En los años noventa el fenómeno quedó reducido a producciones eventuales que circularon en algunas plazas del país, pero no en la capital. El narcomelodrama fue, sin duda, el rostro de nuestra última epopeya.

Rosa Gloria Chagoyán, última estrella popular de éxito, le dio un tono *naïf* a su denuncia del narco. Después de ella el género se volvería hiperrealista y ultraviolento.

El tercero fue el vencido

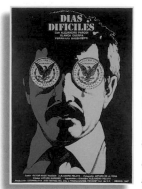

*P*atricia Reyes Spíndola, el director Mitl Valdez y el fotógrafo Marco Antonio Ruiz Guerrero durante el rodaje de *Los confines* (1987), de sugerentes imágenes, y que propone un nuevo camino a nuestro cine. Valdez tardó seis años en hacer su segunda cinta, *Los vuelcos del corazón*.

*G*abriela Roel, en *Ciudad de ciegos* (Alberto Cortés, 1990), fue el *sex symbol* más inquietante. Desafortunadamente su carrera ha sido errática por las condiciones de deterioro de la industria.

La tardía convocatoria al III Concurso de Cine Experimental, hecha en 1985 por el STPC y el flamante IMCINE, fue considerada un acto desesperado. Este concurso, que había perdido toda pertinencia en 1967, cuando fracasó su segunda edición, abrió un espacio a cineastas ávidos de oportunidades. Sin embargo, el resultado fueron historias alineadas en géneros de tradición convencional; lo "experimental" estuvo ausente en la mayoría de las diez cintas presentadas.

Las ganadoras indiscutibles fueron *Amor a la vuelta de la esquina* (1985), de Alberto Cortés, que al estilo *road movie* cuenta con brío la vida de una joven con personalidad ambigua, que convirtió en estrella instantánea a Gabriela Roel; y *Crónica de familia* (1986), de Diego López, que a pesar de haberse llevado el segundo lugar era la más elaborada de todo el concurso: un relato cercano al melodrama familiar de tono ascético y sin patetismo, pero con elementos de frescura que combinaban por vez primera complicidades y entretelones políticos sin hacer denuncias o redenciones socializantes. El tercer y discutido lugar se otorgó a *La banda de los Panchitos* (Arturo Velazco, 1986), que tuvo éxito de taquilla gracias a su mirada abusiva de la violencia lumpenaria, gozosa y con panfleto redentorista, en las antípodas de sólidos directores del género como Damián Acosta e Ismael Rodríguez Jr.

osé Carlos Ruiz en Goitia *(Diego López, 1989) demostró su capacidad como actor para una industria que lo desechó enviándolo al pantano de las telenovelas por falta de oportunidades laborales.*

Las otras siete cintas participantes pasaron casi sin pena ni gloria, tanto para el jurado como para el público. *Calacán*, de Luis Kelly, experimentaba hasta con marionetas en una fabulación del Día de Muertos; *Cuando perdió el alazán*, de Juan José Pérez Padilla, era un aburrido *taco western*; *Obdulia*, de Juan Antonio de la Riva, contemplaba la provincia sin la convicción de *Vidas errantes* y *Pueblo de madera*; *El ombligo de la luna*, de Jorge Prior, falló en su intento de plasmar una ciencia ficción apocalíptica; *El padre Juan*, de Marcelino Aupart, centraba su anticlericalismo en la figura de un sacerdote atormentado por el demonio de la carne; *Thanatos*, de Cristian González, se basaba en una Houdini vernácula (Nuria Bages) que desaparece sin motivo, y *Que me maten de una vez*, de Óscar Blancarte, fue un debut auspicioso que contenía en su brillante estructura seis relatos del dramaturgo Óscar Liera, los cuales formaban un sólido fresco sobre la muerte y un inédito regionalismo fantástico.

ergio Jiménez en El jinete de la divina providencia *(Óscar Blancarte, 1988). Las robustas películas de Blancarte son demasiado vanguardistas para una cinematografía tan famélica en propuestas.*

De los diez, sólo Cortés, López y Blancarte pudieron continuar sus carreras, aunque no sin dificultades. De la Riva, en cambio, se convirtió en vehículo de cantantes estelares televisivas.

La experiencia del concurso no se repitió.

UNA PELICULA DE
ISMAEL RODRIGUEZ JR.

PELICULAS RODRIGUEZ, S. A. Y CINE PRODUCCIONES IRVSA presentan a:

CARMEN SALINAS ✴ HUGO STIGLITZ ✴ NARCISO BUSQUETS
JOSE CARLOS RUIZ
CARLOS CAMARA
Y COMO VICTOR EL TAXISTA
CUITLAHUAC "CUI"

MASACRE EN EL RIO TULA

con ROXANA CHAVEZ ✴ ABRIL CAMPILLO ✴ MARIA CARDENAL
CARLOS EAST ✴ GERARDO CEPEDA "EL CHIQUILIN" ✴ CARLOS ROTZINGUER
MIGUEL ANGEL FUENTES ✴ RAUL PADILLA "EL CHOFORO"

ARGUMENTO: ISMAEL RODRIGUEZ JR.
ADAPT.: ISMAEL RODRIGUEZ SR. ✴ JORGE MANRIQUE Y DAVID SERGIO
MUSICA: ERNESTO CORTAZAR ✴ FOTOGRAFIA: FERNANDO COLIN ✴

✴ PROD. EJEC.: TONATIUH RODRIGUEZ

DIRECTOR:
ISMAEL RODRIGUEZ JR.

*L*a última película de Rogelio A. González, *Toña... nacida virgen/Del oficio* (1983), abiertamente amoral, fue censurada. El sexo, al igual que la denuncia exacta de los horrores del régimen en turno, fueron prohibidos.

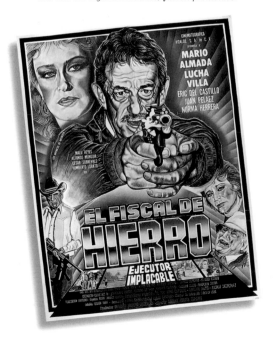

Vísceras de realidad

La hiperviolencia cinematográfica tuvo un génesis gradual en el echeverrismo, aumentó a partir del lopezportillato y perdió toda mesura durante el delamadridismo. La industria, que veía cómo se alejaba su público cautivo por exceso de charros montaperros, melodramones fronterizos y sexy-comedias soporíferas, optó por un cine que expresaba mediante sus denuncias inconcientes lo oculto tras la nota policiaca: las entrañas de conflictos sociales urbanos y la inseguridad desatada por toda clase de criminales, policías incluidos.

Este cine produjo dos sintomáticas películas en las que gravitaba la muerte del columnista político Manuel Buendía: *Masacre en el río Tula* (1985), de Ismael Rodríguez Jr., y *El fiscal de hierro/Ejecutor implacable* (Damián Acosta, 1988). La primera es la disección, literal, de los muer-

Entre el docudrama y la ficción realista, las películas de Francisco Guerrero (*Trágico terremoto en México*, 1987; *Bancazo en Los Mochis*, 1989) optaron por los hechos como materia entrañable antes que pretexto para la crónica roja de subidos tintes.

tos aparecidos misteriosamente en el río del título, hecho denunciado hacia 1982. Una escena provocó la censura de esta cinta durante un decenio: el asesinato de un modesto periodista y la consignación de la noticia en *La Prensa* con una foto de Buendía; además, el crimen se endosa a matones al servicio de la policía. La segunda película también incluye el asesinato de un periodista, esta vez de televisión, efectuado por el mismísimo Juan Rafael Moro Ávila Camacho, sentenciado por el crimen de Buendía.

El cine de la descuartización, ya sea que partiese de hechos reales aislados, de la nota roja más intensa o de la esencia de circunstancias que impide denunciar el hecho en sí con claridad, mas no de representarlo en pantalla debido a sus elementos ocultos, exhibía la podredumbre de los cuerpos policiacos, el auge del narcotráfico en pueblos y ciudades, la corrupción de todo el sistema y el recurso de la justicia por mano propia. México en su totalidad no tenía ley alguna; era la guerra.

La obra maestra del género fue *La venganza de los punks* (Acosta, 1987), que llevaba al límite las imágenes expresadas por Velazco en *La banda de los Panchitos*, y ese prejuicio taquillero de que los jóvenes lumpen sólo desean robar, violar y matar, no necesariamente en ese orden. Violencia, sexo, droga: fórmula dramática mejorada por Rodríguez Jr. en su gustada *Olor a muerte/Pandilleros* (1986); explotada, restaurada, deteriorada y reinventada por Acosta en *Violador infernal* (1988) y en *Porros/Calles sangrientas* (1990), y visible con diversas tesituras en otros ejemplos (*Pandilla de criminales*, *Pandilla sangrienta*, *Ratas del asfalto*, *Noche de buitres*), así como en historias de mayor pretensión en cuanto a crudeza: *Ciudad al desnudo* (Gabriel Retes, 1988) y la insólita *Ratas de la ciudad* (1984), de Valentín Trujillo, que en su irritada indignación expone al judicial como torturador y asesino, y aún más: se permite el exceso de presentar a Olivia Collins disfrutando su *Violación* (1987). El oscuro inconciente, pues, era visto sin opción edificante alguna.

Fuera matices: violencia pura, litros de sangre, cadáveres putrefactos disecados sin tapabocas y violaciones en directo. Rastro existencial del cine de la crisis en el sexenio del crecimiento cero.

Regresa el cine para familias

Tras de experimentar con sus estrellas, la televisión encontró dos caminos: la comedia sin pretensiones y el churro de arte.

La diva postmoderna Gloria Trevi, en *Una papa sin catsup*, prefirió tramas autocomplacientes, sin pulsión erótica, como *Pelo suelto* (Pedro Galindo III, 1991), ajenas a su celebrada imagen provocadora.

Después de experimentar bajo la patente Televisa en *La Celestina* (Miguel Sabido, 1973), boicoteada por el Estado, y en coproducciones internacionales como *Los restos del naufragio* (Ricardo Franco, 1978), en respuesta al género albur/desnudos, la productora Televicine resucitó la fórmula del "cine para familias". Primero aprovechó a sus estrellas triple A, como el cómico Roberto Gómez Bolaños *Chespirito*, en *El chanfle* (Enrique Segoviano, 1978), de éxito moderado, o *Cepillín*, en *Milagro en el circo* (Alejandro Galindo, 1978). Luego hizo argumentos a la medida de personalidades como Olga Breeskin, en *Nora la rebelde* (Mauricio de la Serna, 1979), y cine de autor comercial: *La ilegal* (Arturo Ripstein, 1979). La empresa pasó de producir ocho cintas por año a fines de los años setenta, a casi la mitad del total de la indus-

tria (treinta en 1989-1990); sin embargo, a mediados de los años noventa contrajo su producción a seis o siete películas anuales.

A principios de los ochenta la política de la compañía era errática. Hacía películas de búsqueda esteticista, dramática, como *Los renglones torcidos de Dios* (Tulio Demicheli, 1981), visión franquista del manicomio sobre una no-

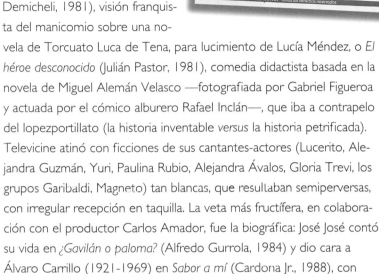

vela de Torcuato Luca de Tena, para lucimiento de Lucía Méndez, o *El héroe desconocido* (Julián Pastor, 1981), comedia didactista basada en la novela de Miguel Alemán Velasco —fotografiada por Gabriel Figueroa y actuada por el cómico alburero Rafael Inclán—, que iba a contrapelo del lopezportillato (la historia inventable *versus* la historia petrificada). Televicine atinó con ficciones de sus cantantes-actores (Lucerito, Alejandra Guzmán, Yuri, Paulina Rubio, Alejandra Ávalos, Gloria Trevi, los grupos Garibaldi, Magneto) tan blancas, que resultaban semiperversas, con irregular recepción en taquilla. La veta más fructífera, en colaboración con el productor Carlos Amador, fue la biográfica: José José contó su vida en *¿Gavilán o paloma?* (Alfredo Gurrola, 1984) y dio cara a Álvaro Carrillo (1921-1969) en *Sabor a mí* (Cardona Jr., 1988), con inexactitud histórica, ambientación pésima y abundante moralina. También se abordó a José Alfredo Jiménez (1926-1973) en *Pero sigo siendo el rey* (Cardona Jr., 1988).

Luego de varios tropiezos en taquilla, en 1993 Televicine quedó en manos de Jean Pierre Leleu, quien quiso combinar espectáculo con calidad trabajando con IMCINE (*Cilantro y perejil*, por ejemplo). Pero transcurridos veinte meses, Leleu fue echado por falta de éxitos. Entre otras, produjo la cinta con la escena más repulsiva del cine mexicano: *Una papa sin catsup* (Sergio Andrade, 1994), donde Gloria Trevi bucea entre heces fecales, y otras con pretendida calidad: *Sin remitente, Mujeres insumisas, Entre Pancho Villa y una mujer desnuda, Sobrenatural* y *Salón México*, que tuvieron regular fortuna entre el público.

En febrero de 1996, Roberto Gómez Bolaños fue nombrado nuevo director. Semanas más tarde dio el pizarrazo para *La super risa en vacaciones 8* (Cardona Jr., 1996), y en enero de 1997 anunció que se cancelaba esta serie, por lo que se buscarían historias con calidad. El resultado fue desigual: *Elisa antes del fin del mundo* (Juan Antonio de la Riva, 1996) resultó un taquillazo, pero *Última llamada* (Carlos García Agraz, 1996) pasó casi inadvertida.

La contradicción como política. Del cine sin estilo al sobrenaturalmente estilizado, aunque en ambos casos sin nada que contar.

Carlos Carrera ejemplifica los extremos de la diminuta industria de los años noventa: tras ganar en Cannes con su cortometraje El héroe *(1994) de cinco minutos, dirigió* Sin remitente, *una elegía de la vida burocrática.*

El rojo amanecer del burocratismo

El 4 de diciembre de 1988 hubo un cambio importante en la burocracia cinematográfica: Fernando Macotela cedió la Dirección de Cinematografía a la licenciada en historia Mercedes Certucha, quien el 27 de junio de 1989 enfrentó un conflicto de consecuencias irreversibles cuando se retrasó la autorización a *Rojo amanecer* (Jorge Fons, 1988). El guionista Xavier Robles recurrió a la SOGEM, que interpuso un amparo contra Cinematografía, e hizo un escándalo público en la Cineteca que la prensa siguió puntualmente.

*M*aría Rojo, estrella favorita del cine gubernamental desde 1976, tuvo su momento consagratorio en *Rojo amanecer* como la madre que fomenta el miedo a la calle, a la oposición y a la juventud.

*S*e considera que Jesús Nájera Torres, funcionario de RTC, fue quien abolió la censura, hecho que inmediatamente benefició a *La sombra del caudillo* (Julio Bracho, 1960).

Se alegó censura cuando el problema fue un trámite burocrático incumplido: la entonces vigente Ley y Reglamento de la Industria Cinematográfica, que regía las actividades de la Dirección desde el 31 de diciembre de 1949, en su artículo 67 asentaba el plazo para "autorizar" la exhibición: "se resolverá si se concede o no ésta [la autorización], dentro de los tres días siguientes en que se haya presentado la solicitud". El retraso cobijó una falsa lucha en favor de la libertad de expresión.

Rojo amanecer, loa al miedo al poder, crónica de inmovilidad civil y mirada autoritaria sobre estudiantes sin ideología, contra la historia, culpa a los judiciales de la matanza del 2 de octubre de 1968. Promovida en todos los medios posibles, se le consideró

una obra cumbre del cine del sexenio salinista. Sin embargo, uno de los productores, el actor Héctor Bonilla, confesó que hubo concesiones: el final y unas escenas se cortaron para complacencia de todos, censores y censurados. En julio, Mercedes Certucha desmintió, en el trigésimo aniversario de la Filmoteca de la UNAM, su posible renuncia tras recibir el apoyo, en un desayuno en su honor, de productores, distribuidores y del STPC. Pero el 15 de agosto tomó unas vacaciones de las que nunca regresó.

En octubre de 1990 se desenlató, al fin, la obra maldita del cine mexicano, *La sombra del caudillo*, que al contrario de *Rojo amanecer* se exhibió en condiciones desventajosas, sin publicidad, en el remodelado cine capitalino Gabriel Figueroa, administrado por el STPC.

Tres años más tarde, el 14 de mayo de 1993, se reimplantó la clasificación D, para mayores de 21 años, debido a *Amores sensuales* (Frank Perry, 1993), primer largometraje en 35 mm de sexo explícito exhibido públicamente en el D. F. Al perder la censura su pertinencia política, se transformó en simple oficina de clasificación de películas por tipo de público y según edades. Gracias a esto, *Traficantes del sexo* (Ángel Rodríguez Vázquez, 1994) fue la primera cinta porno de 35 mm hecha en México que recibió "autorización". No tuvo la misma suerte *Comando marino* (René Cardona III, 1990), censurada por la Secretaría de Marina, que asesoró el rodaje, pues denigraba "a la institución, al tratarse la historia de seis mujeres cadetes y utilizar inadecuadamente uniformes, armas y buques". Pero se transmitió sin problemas por canal 9 el 14 de octubre de 1997.

Enrique Rocha y Homero Wimer en *El otro crimen* (Carlos González Morantes, 1989), ejemplo de cine universitario incapaz de superar la tibieza de su denuncia oportunista ni la baratura de su estilo.

Tres lancheros muy picudos (G. Martínez Solares, 1988), con su hiperestesia verbal, reclamaba imágenes de sexualidad explícita. Cinco años después, una nueva cartelera ofrecía esas imágenes en una enorme variedad de productos amorales que, a su vez, convirtieron los viejos palacios del cine en templos de voyerista concupiscencia.

Ni máscara ni cabellera

De repente, vino la catástrofe: en el sexenio salinista (1988-1994), que apostó todo a la integración comercial con Estados Unidos y Canadá mediante el Tratado de Libre Comercio, se avisó que a la brevedad, antes de que concluyera el siglo, dejaría de ser válida la fracción XII del artículo 2° de la ya desechada Ley Cinematográfica, que establecía: "En ningún caso el tiempo de exhibición de películas nacionales será inferior al cincuenta por ciento del tiempo total de pantalla". Dicho porcentaje nunca se cumplió debido a la incapacidad

El Estado creyó que al revivir el extinto cine de luchas obtendría los recursos económicos de que carecía. El luchador Mil Máscaras produjo su anti-leyenda: La última llave (Francisco Guerrero, 1990), ésta sí cinta final del género.

de la industria para producir cien películas anuales, manteniendo apenas en un 30 o 35 por ciento esa mitad del tiempo asignado en pantalla, el cual se reducirá hasta un incómodo diez por ciento a partir de 1998, según se asienta en la nueva Ley Federal de Cinematografía decretada el 29 de diciembre de 1992. Significa que la producción mínima estará entre diez o quince largometrajes anuales. Tal medida provocó la desbandada de los productores privados: entre 1990 y 1991 se desplomó la producción en cerca de 75 por ciento: de 88 cintas nacionales estrenadas en 1991, se pasó a sólo veinte en 1996.

El Estado también huyó, asediado por la quiebra de sus corporaciones cinematográficas: el Banco Nacional Cinematográfico, herido de muerte desde la administración lopezportillista, fue sepultado en la salinista; sus distribuidoras se desmembraron; la gran exhibidora, Compañía Operadora de Teatros, S.A. (COTSA), fue puesta en venta, y el IMCINE recibía un apoyo mínimo para producir, lo que hizo de cada cineasta un buscador de milagros económicos. La industria regresó a una situación peor que la de los años treinta.

La cinta estatal emblemática fue *La leyenda de una máscara* (José Buil, 1989), esperado y decepcionante debut del autor de *Adiós, adiós, ídolo mío* (1981), mediometraje escolar en el que se intelectualizaba la decadencia de *Santo*, el Enmascarado de Plata. Transferida la propuesta al largometraje, fue una autoparodia, una película de luchadores sin luchas; un producto que se pretendía *comic* en movimiento, aunque confirmaba su condición de churro de *Santo* sin *Santo*. Constituyó un epitafio apropiado para la Corporación Nacional Cinematográfica, tras 16 años de números rojos.

La cinta privada emblemática fue *Intriga contra México* (J. Fernando Pérez Gavilán, 1987), cuyo título original, *¿Nos traicionará el presidente?*, causó que la censura la enlatara durante tres años. Era una prueba de fe en la fortaleza del poder ejecutivo visto como oficina de contador, con actuaciones grandilocuentes y situaciones que parodiaban la sucesión presidencial; no era el elogio a las instituciones que su creador quería. Fue abucheada en la XXIII Muestra Internacional de Cine de 1990. Acaso una gran consumación del desastre.

El cine de tinte político se conformó con ponerse de rodillas ante el tema intocable: el presidente.

Arcelia Ramírez creó un curioso estereotipo dual: de secuestrable objeto del deseo campirano en *La mujer de Benjamín* (Carlos Carrera, 1991), a frágil mujer clasemediera, en *Cilantro y perejil* (Rafael Montero, 1996).

Retorno a Aztlán fue otro camino propuesto por directores ambiciosos independientes, a los que el Estado y la iniciativa privada no quisieron apoyar.

Relámpago y sombra

Marcela Fernández Violante siguió los pasos de las pioneras Mimí Derba, Cándida *Candita Beltrán*, *Perlita Sequeyro* y la autora de un sólo filme, Eva Duquesa Olga Limiñana, en una industria contraria al desarrollo de las cineastas.

Dana Rotberg fue otra mala noticia: después de su excelente documental *Elvira Luz Cruz, pena máxima* (codirigido con Ana Díez Díaz, 1984) debutó con la mediocre *Intimidad* (1989). En *Ángel de fuego* (1991), demostró que su obra está lastrada por la medianía.

Detrás del auge del cine hecho por mujeres entre 1988 y 1994, se escondían una necesidad y una ofensa. La necesidad justificatoria del salinismo que, en su sueño primermundista, se vio regalando autoras al mundo; y la ofensa de pensar con desdén en los resultados ("no está mal para ser de una mujer"). Se utilizó su obra para el aplauso institucional, que por igual las volvió objeto de adoración que de insulto. Se les apoyó o se les devaluó en secreto. Mujeres cineastas: nueva atracción de la industria en deterioro; relámpago en la tormenta. Agotado el interés burocrático, se les confinó a la sombra.

La inopinada pionera de este efímero filón de oro fue la actriz y productora Sonia Infante, egresada de las ficciones tremendistas del también desmesurado productor y director Gustavo Alatriste, con quien afinó sus papeles de mujer fatal en *Aquel famoso Remington* (1981) e *Historia de una mujer escandalosa* (1982). Invirtió su fortuna lo mismo en *Toña Machetes* (Raúl Araiza, 1993), visión hembrista y rural ideada por Margarita López Portillo, que en la "adaptraición" de *La casa que arde de noche* (Cardona Jr., 1986), de Ricardo Garibay, hasta conseguir su estilo peculiar de historias con retorcidas pero castas fantasías sexualoides como *Los placeres ocultos* (Cardona Jr., 1988).

Otras autoras transitaron con desigual fortuna entre el desplome de la producción: María Elena Velazco, *la India María*, consiguió un sitio de privilegio como autora total de sus humorísticas ficciones vindicatorias *El coyote emplumado* (1993), *Ni Chana ni Juana* (1984), *Ni de aquí ni de allá* (1987) y *Se equivocó la*

cigüeña (1992); Isela Vega fue actriz, guionista, directora y productora de la alucinada *Las amantes del señor de la noche* (1984); Marcela Fernández Violante, única directora que debutó industrialmente en los setenta, apenas hizo dos largometrajes: *Nocturno amor que te vas* (1987) y *Golpe de suerte* (1992); Matilde Landeta hizo su tardío cuarto largometraje: *Nocturno a Rosario* (1990), primero aprobado y luego enlatado por la burocracia fílmica.

Las directoras de éxito fueron las egresadas de escuelas de cine. Algunas se eclipsaron tras su debut: Busi Cortés pasó de *El secreto de Romelia* (1988) a *Serpientes y escaleras* (1989). Otras lograron una exitosa carrera, sobre todo María Novaro y sus disparejas *Lola* (1989), *Danzón* (1990) y *El jardín del edén* (1994). Maryse Sistach, quien parecía la promesa definitiva por su magnífica *Los pasos de Ana* (1988), tropezó con *Anoche soñé contigo* (1991), para levantarse en *La línea paterna* (1995), codirigida con José Buil. Finalmente, la ex documentalista Guita Schyfter (*Los caminos de Greene*) tuvo un promisorio debut con *Novia que te vea* (1993), no del todo confirmado con su siguiente película *Sucesos distantes* (1995).

M atilde Landeta, al centro, en el rodaje de *Nocturno a Rosario*. Con cuarenta años de retraso escribió y dirigió una curiosa película cursi sobre el poeta Manuel Acuña (1849-1873).

M aría Novaro estuvo a un paso de lograr lo que ninguna directora en México: una carrera consistente. Al principio la burocracia fílmica creyó en ella, luego ya no.

Barbarie
y civilización:
la exhibición

En septiembre de 1997, COTSA y Carlos Amador se declararon en quiebra cerrando algunos de sus cines, incapaces de competir con la tecnología de punta de sus competidores.

La imagen de los *cineplex* recuperó al público de clase media, pero alejó al de clases populares, principal consumidor de cine mexicano hasta mediados de los años ochenta.

El 18 de julio de 1993, el Estado remató un paquete de medios cuya venta total sumó 645 millones de dólares (205 millones más de lo esperado), en el que se incluía a COTSA, a la que siempre se tuvo en deterioro (butacas, proyectores e instalaciones a merced del tiempo y las ratas). Así emprendió su retiro como tutor del cine, desalojando su última fortaleza: la exhibición. Pero el nuevo dueño, Ricardo Salinas Pliego, mostró más interés en la parte lucrativa del paquete: los canales 7 y 13; los cines (lo más costoso) comenzaron a cerrar en todo el país, primero los populares; luego, como Ecocinemas, se transformó en "tres en uno" a los de estreno en el D. F. (Latino, Las Américas, París). La exhibición sufrió así un desplome constante a lo largo de cinco años: durante 1990 se vendieron 194.5 millones de boletos en las 1 913 salas que existían en México, en 1995 se vendieron 70 millones de boletos y el número de salas era de 1 502. Se necesitaba un giro dramático para recuperar esta rama de la industria y recuperar lo que escaseaba desde hacía tres decenios: calidad.

En noviembre de 1993 la compañía estadounidense Cinemark anunció que construiría en México los llamados *cineplex*: complejos de hasta diez o más salas; en febrero de 1994 se edificaban dos, en Aguascalientes y Monterrey. El Sindicato de Trabajadores de la Industria Cinematográfica (STIC), corresponsable del deterioro de COTSA, tomó las instalaciones alegando que la empresa dirigida por Roberto Jenkins contrató personal del sindicato independiente "Justo Sierra". No obstante, Cinemark Aguascalientes se inauguró el 14 de abril y, el 24 de junio, el de Monterrey. La empresa llegó con éxito al D. F. (bajo la protesta permanente del STIC) el 3 de mayo: el presidente Zedillo inauguró Cinemark en el Centro Nacional de las Artes asistiendo a la exhibición de *Dos crímenes* (Roberto Sneider, 1994). Menos de un año después, aparecieron otros Cinemark en Acapulco y en el D. F.

Gabriela Roel en En medio de la nada *(Hugo Rodríguez, 1993). La propuesta del cine mexicano más reciente es una apuesta por el efectismo, antes que por la fortaleza del argumento.*

En mayo de 1995, inversionistas mexicanos encabezados por Miguel Ángel Dávila se asociaron con el banco J. P. Morgan. El 2 de agosto inauguraron el primero de sus complejos Cinemex en Altavista. Buscando la meta que comparte con Cinemark, contar con quinientas pantallas para el año 2000, Cinemex tomó la iniciativa abriendo el 26 de octubre Cinemex Santa Fe, y el 17 de enero de 1996 el Manacar. Su expansión continuó a ritmo constante a lo largo de todo el territorio nacional.

Otra compañía con sede en Estados Unidos, United Artists, inauguró una serie similar de cines en Polanco, con la promesa de expandirse igual que sus competidores: cien pantallas por año. Por su parte, la Organización Ramírez, la cadena más amplia en Latinoamérica (con más de quinientas pantallas en operación), creó su propio concepto: Cinépolis.

Los nuevos cines no le hicieron el feo a productos nacionales pero los dejaron a su suerte en la taquilla: Cilantro y perejil *aguantó casi cinco meses en el D. F., en cambio* Reclusorio *(Ismael Rodríguez, 1996) y* Alta tensión *(Rodolfo de Anda, 1996) se exhibieron desventajosamente.*

La nueva oferta de cines hizo repuntar la venta de boletos: 80.4 millones durante 1996 en 1 639 salas, que se estima se multipliquen hasta 1 728 en 1997. Como en el pasado, la exhibición es el mejor negocio cinematográfico.

"Ya no vengan para acá"

Ricardo Garibay acaso fue el último escritor en proponer un estereotipo verosímil, contundente y popular con su *Milusos*.

Héctor Suárez, actor que hizo de la denuncia de lacras sociales en los años setenta una forma de vida, en los ochenta vio eclipsar su fama al ser asimilado con sus tics cinematográficos por la televisión.

Ante el ostentoso derroche del cine de Estado, fue natural que a lo largo de tres sexenios (1976-1990) abundara el cine de albures y ficheras, pues era el único que atraía a espectadores más interesados en el relajo de la picardía mexicana que en la soporífera propuesta gubernamental. Así, 1981 abrió a tambor batiente con *Burdel* (Ismael Rodríguez), *El sexo de los pobres* (Alejandro Galindo), *La pulquería II* (Güero Castro), *Los mexicanos calientes* (Martínez Solares), *Cuatro hembras y un mach-o-menos* (Luis Gomezbeck), *41, el hombre perfecto* (Pepe Romay) y *El día del compadre* (René Cardona), en las que el sexo es una necesidad existencial y el albur afirmación de un clasismo a la inversa: el lenguaje de la crisis, áspero, bestial, sin concesiones, dominado por los desechados del presupuesto.

Conforme avanzó el decenio, el género se volvió rentable, como variación del cabaret idealizado donde la pobreza es pareja; luego, según la crisis provocaba estragos en la población, sirvió para representar un tercermundismo sin esperanza. El género

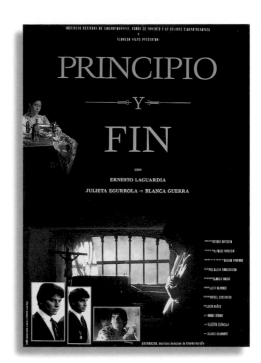

conquistó su cima cuando Roberto G. Rivera codificó sus alcances con *El Milusos* (1981) y *El Milusos 2* (1983), obras debidas a la pluma de Ricardo Garibay, más cercanas a la picaresca urbana de la pobreza bienhechora que a un interés neorrealista. Fueron el prólogo para una obra de mayor envergadura, *¿La tierra prometida?* (1985), que llevaba al tremendismo el estribillo anticapitalino del Milusos: "ya no vengan para acá, quédense mejor allá". *¿La tierra prometida?* glosaba el significado de migrar a la capital con un tinte de llorosa moral: la pobreza es desempleo, alcoholismo y prostitución ineludibles; cada migrante, una víctima propiciatoria de atracos en despoblado, transas y envilecimiento: sus salidas son volverse rateros, asesinos, mendigos o, en última instancia, dejarse matar.

La visión desde el interior de la ciudad de México tampoco fue halagüeña. Paul Leduc, después de su inexpresiva *Frida* (1983), hizo con apoyo del desaparecido Consejo de Recursos para la Atención de la Juventud (CREA) su mediometraje urbano sobre la vida de los chavos banda, *¿Cómo ves?* (1985). Era ésta la versión de lujo de una realidad que representaría Arturo Ripstein en *Mentiras piadosas* (1988) y *Principio y fin* (1993), recuentos de miserias de todo tipo que muestran con soberbia y clasismo cuán deleznables son los que menos tienen. La obra maestra de este cine es *El callejón de los milagros* (Jorge Fons, 1993), elogio a la prostitución como único camino de mujeres bellas sin recursos, y exaltación de la mediocridad amorosa, económica, la que fuere. El giro sustancial a esta idea recayó en la cinta porno *Traficantes del sexo*, que se basa en la premisa de que "para salir de pobre, la prostitución, que trae dinero, que trae muerte". La pobreza porno, si moral, doblemente didáctica del "ya no vengan para acá".

*D*e la visión paternalista al desdén del tema. Un género inasible cuyas últimas luces brillantes estuvieron en las cintas de Ismael Rodríguez Jr. *Olor a muerte/Pandilleros* (1986) y *Traficantes de niños* (1989).

Charrotitlán. Carlos Mendoza consolidaría a la productora de videofilmes independiente Canal 6 de Julio A. C. que desde 1988 puso en jaque a la censura con Crónica de un fraude (las elecciones del 88) y Modernidad bárbara (el arranque del salinato).

Nicolás Echevarría dirigiendo a Farnesio de Bernal en Cabeza de Vaca, única cinta de ficción de un director espléndido obligado a jubilarse de este tipo de producciones.

Storyboard de Nicolás Echevarría para Niño Fidencio. El cuidado puesto en la producción e investigación de cada uno de sus documentales, convirtió a este director en el mejor exponente del género de la segunda mitad del siglo.

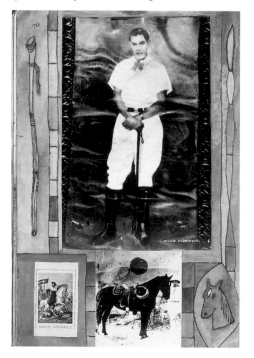

La salvación por la militancia

Después de su paso por el Centro Universitario de Estudios Cinematográficos (CUEC), el cine militante cobró fuerza con la falsa apertura democrática del echeverrismo, optando por el elogio marxistoide, la denuncia facilona y el folclor de banqueta. Sin embargo, cuando se requirió ir más allá de prédicas para convencidos, este cine dio ejemplos de madurez con el célebre tríptico *Cha-cha-chá* de Carlos Mendoza y Carlos Cruz: *Chapopote/Historia de petróleo*, sobre la falsa opulencia que traería la entrega incondicional del mentado oro negro; *El chahuistle* (1981), que explora el megalómano proyecto lopezportillista del Sistema Alimentario Mexicano, y *Charrotitlán* (1982), un mediometraje de tinte documental-humorístico que, en el tono de sus predecesoras, enjuicia la historia completa del sindicalismo. Salvador Díaz Sánchez, también del CUEC, aportó un par de los mejores documentales en nuestra historia: *¡Los encontraremos!/Represión política en México* (1982), que parte de la desaparición de Jesús Piedra Ibarra, el 25 de diciembre de 1973, para narrar los horrores represivos tras cada desaparecido político confinado en cárceles clandestinas; y *Juchitán, lugar de las flores* (1983-1985), que detalla en poco más de media hora la resistencia democrática desde dentro de la Coalición Obrero-Campesino-Estudiantil del Istmo (COCEI). Con el mismo punto de vista políticamente comprometido, Alberto Cortés hace un documento entrañable contra la matanza de 26 campesinos el 4 de junio de 1982, en *La tierra de los tepehuas* (1982), obra producida por el Archivo Etnográfico Audiovisual del Instituto Nacional Indigenista.

Estos raros ejercicios de militancia, alejados de esquematismos, parecían condenados a desaparecer con el cierre paulatino de sus canales alternativos de exhibición. Pero Rafael Corkidi, fotógrafo y director pionero del video de autor, demostró en *Figuras de la pasión* (1984), *Las lupitas* (1985), *Relatos* (1986), *Huelga/Strike* (1987) y *Querida Benita* (1989), que la alternativa de los cines militante y de expresión personal está en ese medio que logra abatir hasta diez veces los costos de producción, incluso en 16 mm. Esta misma ruta

Santo Luzbel es la segunda, y última película, hablada en náhuatl en toda la historia de nuestro cine. Se exhibió tardíamente, sin promoción y con recepción crítica muy adversa.

la emprendió el espléndido documentalista Nicolás Echevarría —luego de convertirse en "el mártir de Churubusco", tras la espiral burocrática en la que se metió con *Cabeza de Vaca* (1990)—, en *Sor Juana Inés de la Cruz o las trampas de la fe* (1988), *Los enemigos, De la calle* y *De película*, todas de 1990, y *La pasión de Iztapalapa* (1994). Regresó con el video al terreno de sus últimos documentales hechos para cine, *Poetas campesinos* (1980) y *Niño Fidencio, el taumaturgo de Espinazo* (1981).

Gerardo Lara, a la derecha, dirigiendo a Maribel Lara y Javier Torres Zaragoza en Diamante *(1984), uno de los pocos ejercicios fílmicos de escuela de cine, en este caso del CUEC, que demostraban madurez en el tema y seguridad en la factura.*

Con el alzamiento zapatista el 1º de enero de 1994, el video obtuvo nueva vida y pertinencia. El tema indígena ya se había revitalizado en *Retorno a Aztlán/In necueplaiztli in Aztlan* (Juan Mora Catlett, 1988-1990), y lo continuaría haciendo en *Santo Luzbel* (Miguel Sabido, 1996). ¿Estarán aquí los rasgos que definirán el cine del siguiente milenio?

Mexicanos al grito de ¡Hollywood!

Gracias a *Como agua para chocolate*, Lumi Cavazos obtuvo papeles de segunda importancia en la industria estadounidense como *¡Merengue en Nueva York!/Manhattan merengue!* (Joseph B. Vásquez, 1996).

Emmanuel Lubezki mostró capacidad para asimilarse a Hollywood bajo las órdenes lo mismo del novato Ben Stiller que del veterano Mike Nichols.

En Hollywood, Roberto Gavaldón dirigió *El pequeño proscrito* (1953) para los estudios Walt Disney. Ismael Rodríguez fue codirector de *El monstruo de la montaña hueca* (1954), hecha para su compañía Películas Rodríguez, y *Aventuras de Daniel Boone* (1955), para la Republic Pictures. *El Indio* Fernández rehizo *Enamorada* con el título *Del odio nace el amor* (1950), protagonizada por Paulette Goddard. Gabriel Figueroa obtuvo su nominación al Óscar por *La noche de la iguana* (John Huston, 1964), el segundo mexicano en lograrlo después de Roberto Gavaldón (por *Macario*, 1959). Fueron experimentos aislados de internacionalización incomparables con lo sucedido recientemente: las nuevas generaciones no buscaron reconocimiento sino una residencia, su *green card*. Abrumados por el desastre económico del país, el desprecio de los productores privados y el excesivo burocratismo del IMCINE —pese a las buenas intenciones que tuvo su director más prolífico y exitoso, Ignacio Durán—, los pocos que hicieron algo se fueron a Hollywood como "espaldas mojadas" culturales, esperando continuar con sus carreras.

Con apenas un *thriller* menor, *Motel* (1983), Luis Mandoki consiguió actores extranjeros, como Liv Ullman, y distribuición garantizada por TriStar para *Gaby, una historia verdadera* (1987), crónica que detalla la vida de la escritora minusválida Gaby Brimmer. Tuvo éxito y Hollywood le abrió las puertas. Mandoki, a pesar de su

incapacidad para dirigir a más de dos personajes en una escena —algo que funcionó en *White palace* (1990) gracias a Susan Sarandon y James Spader—, fue contratado en exclusiva por los estudios Disney. Realizó el *remake* de *Nacida ayer* (George Cukor, 1950) con tono de melodrama mexicano, y la que es probablemente su mejor cinta: *Cuando un hombre ama a una mujer* (1993), relectura melodramática del alcoholismo como agente destructor de la familia ideal, pero sin prescindir del reivindicatorio final feliz.

Igualmente, después de muchos fracasos al hilo (*Chido Guan, el tacos de oro* y *Mojado power*), Alfonso Arau filmó *Como agua para chocolate* (1991), novela de Laura Esquivel, entonces su esposa, y llegó al estrellato hollywoodense: en 1994 hizo *Un paseo por las nubes*, producirá *Zapata* y los argumentos *Forget Me Not*, de Alfonso Corona, y *Sons of El Topo*, de Alejandro Jodorowsky. Por otro lado, el peso de la presencia de los mexicanos en Hollywood recayó en la actriz Salma Hayek —mito instantáneo tras participar en *Pistolero* y en *Del crepúsculo al amanecer*, de Robert Rodríguez.

También triunfaron el fotógrafo Emmanuel Lubezki (*Miroslava*, *Bandidos*, *Camino largo a Tijuana*) y los autores Alfonso Cuarón (*Sólo con tu pareja*) y Guillermo del Toro (*Cronos*). Lubezki consiguió transmitir fielmente las verdosas atmósferas de Bo Welch y la sencilla esencia de la novela de Frances Hogdson Burnett en *La princesita* (Cuarón, 1995) y, en 1996, fue nominado al Óscar. Cuarón transita el camino de los clásicos de las letras inglesas en su versión años noventa de *Grandes ilusiones*, de Charles Dickens, con Gwyneth Paltrow y Robert De Niro. Del Toro, por su parte, produjo una cinta de terror de treinta millones de dólares para la compañía Miramax: *Mimic* (1997).

G*uillermo del Toro está por convertirse en nuevo rey de la serie Z de terror sanguinolento. A la izquierda Mira Sorvino en la cinta* Mimic *(1997).*

S*ólo con tu pareja* (1991) *lanzó a Cuarón hacia EU y afirmó a Daniel Giménez Cacho como el actor fetiche favorito de las producciones estatales de los años noventa.*

L*iesel Matthews y Arthur Malet en* La princesita. *Para triunfar en grande, Cuarón renunció a cualquier viso de mexicanidad en sus cintas.*

Lecturas sugeridas

AMADOR, María Luisa y Jorge Ayala Blanco, *Cartelera cinematográfica 1970-1979*, México, UNAM, 1988.

BANCO NACIONAL CINEMATOGRÁFICO, *Cineinforme general 1976*, México, 1976.

CORIA, José Felipe, *El señor de las sombras. La vida de Javier Solís*, México, Clío, 1995.

GARCÍA RIERA, Emilio, *Historia documental del cine mexicano*, Guadalajara, Universidad de Guadalajara, 1992.

INTOLERANCIA (dir. Gustavo García), núm. 7, octubre-noviembre de 1990, México.

Identificación de imágenes

Nuevo cine mexicano,
que describe el parteaguas generacional
y su nueva expresión en el seno del cine
de nuestro país, los excesos del Estado y sus
caciques en turno, así como las expectativas
de los cineastas contemporáneos por mejorar
su quehacer, se terminó de imprimir en el mes
de noviembre de 1997 en los talleres de
Artes Gráficas Panorama, S.A. de C.V.

Informes y ventas de espacios publicitarios: Miguel Ruiz Galindo y Leticia Pérez Moreno.
☎ 261 2000, exts. 12939, 12940 y 12950
Informes y ventas de libros: ☎ 659 1117 al 21